道路桥梁施工技术现状与发展

姚林虎　　郑天华　主编

哈尔滨出版社
HARBIN PUBLISHING HOUSE

图书在版编目（CIP）数据

道路桥梁施工技术现状与发展 / 姚林虎，郑天华主编 . -- 哈尔滨 ： 哈尔滨出版社，2023.8

ISBN 978-7-5484-7465-4

Ⅰ．①道… Ⅱ．①姚… ②郑… Ⅲ．①道路施工②桥梁施工 Ⅳ．① U415 ② U445

中国国家版本馆 CIP 数据核字（2023）第 156393 号

书　　名：**道路桥梁施工技术现状与发展**
DAOLU QIAOLIANG SHIGONG JISHU XIANZHUANG YU FAZHAN

作　者：姚林虎　郑天华　主编

责任编辑：韩伟锋

封面设计：张　华

出版发行：哈尔滨出版社（Harbin Publishing House）

社　　址：哈尔滨市香坊区泰山路 82-9 号　邮编：150090

经　　销：全国新华书店

印　　刷：廊坊市广阳区九洲印刷厂

网　　址：www.hrbcbs.com

E - mail：hrbcbs@yeah.net

编辑版权热线：（0451）87900271　87900272

开　　本：787mm×1092mm　1/16　**印张：**11　**字数：**240 千字

版　　次：2023 年 8 月第 1 版

印　　次：2023 年 8 月第 1 次印刷

书　　号：ISBN 978-7-5484-7465-4

定　　价：76.00 元

凡购本社图书发现印装错误，请与本社印制部联系调换。

服务热线：（0451）87900279

编　委　会

主　编

姚林虎　内蒙古大学交通学院

郑天华　北京场道市政工程集团有限公司

副主编

高　亮　抚顺市公路工程监理有限责任公司

谷艳蕊　郑州市交通规划勘察设计研究院

田　洋　长江勘测规划设计研究有限责任公司

王　堃　山东华潍工程监理咨询有限公司

王　雪　郑州市交通规划勘察设计研究院

卫凯龙　山西路桥第七工程有限公司

袁梦瑶　山东华潍工程监理咨询有限公司

张晓刚　山西路桥建设集团有限公司太原设计咨询分公司

（以上副主编排序以姓氏首字母为序）

前　言

随着我国城市建设发展速度的逐渐加快，在城市交通中，车辆拥堵情况也逐渐涌现出来，这给人们生活以及城市建设的进步造成了很大的影响。因此，在这样的情况下，道路桥梁工程建设就非常关键。在时代发展和社会进步背景下，我国各地城市交通道路发生了巨大的变化，四通八达的立交桥，逐渐延伸的道路长度、不断拓展的道路宽度等，使得健全的交通道路网络体系逐渐形成，为城市和周边城镇经济发展提供了重要推动力。

在道路工程的不断发展的影响下，道路桥梁工程也日益增多，而在社会经济的提升、城市人口流量大的影响下，道路桥梁工程的质量要求也越来越严格。在道路桥梁的施工中，施工技术是保证道路桥梁工程质量的重要条件之一，而管理则是对施工技术质量有一个严格的监督与控制，以保证桥梁施工建设的质量与工程进程的顺利。

本书是对道路桥梁施工技术现状与发展方向进行研究的著作。本书从道路桥梁工程介绍入手，对公路工程施工、道路桥梁分类与构造、道路桥梁设计与维修进行了分析研究；另外对桩基的施工技术、路基施工技术、路面施工技术、道路桥梁施工技术做了一定的介绍；旨在摸索出一条适合道路桥梁施工的科学道路，让相关工作者在应用中少走弯路，运用科学方法，提高施工效率，对道路桥梁施工技术现状与发展方向研究有一定的借鉴意义。

编写本书过程中，参考和借鉴了一些知名学者和专家的观点及论著，在此向他们表示深深的感谢。由于水平和时间所限，书中难免会出现不足之处，希望各位读者和专家能够提出宝贵意见，以待进一步修改，使之更加完善。

目　录

第一章 道路桥梁工程

第一节 公路工程施工

公路工程是供各类无轨车辆和行人等通行的基础设施。公路是一种带状构筑物，它的中心线是一条空间曲线，具有高差大、曲线多且占地狭长的特点。公路工程在施工过程中要根据实际情况，选择最优施工方式，以保证公路的使用寿命。

一、道路的分类及其工程组成

道路工程是供各类无轨车辆和行人等通行的基础设施。道路是一种带状构筑物，它的中心线是一条空间曲线，它具有高差大、曲线多且占地狭长的特点。道路工程施工图的表现方法与其他工程图有所不同。道路工程施工图由平面图、纵断面图、横断面图及构造详图组成（图 1-1）。

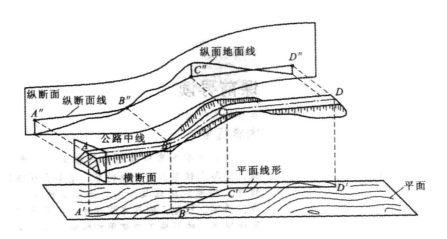

图 1-1　道路平面、纵断面及横断面图

（一）道路的分类

道路作为一个总称，它可分为城市道路、公路、农村道路、专用道路。

1. 城市道路

城市道路是在城市范围内，联系各组成部分并供车辆及行人通行的、具备一定技术条件和设施的道路。按在道路系统中的地位、交通功能与对沿线建筑物的服务功能等来划分，城市道路可分为快速路、主干路、次干路与支路。

①快速路是为较高车速的长距离交通而设置的重要道路。快速路对向车道之间应设中间带以分隔对向交通，当有自行车通行时，应加设两侧带。快速路与高速公路、快速路、主干路相交时，必须采用立体交叉；与交通量较小的次干路相交时，可采用平面交叉；与支路不能直接相交。在过路行人集中地点应设置过街人行天桥或地下通道。

②主干路是城市道路网的骨架，为连接城市各主要分区的交通干路，以交通功能为主。自行车交通多时，宜采用机动车与非机动车分流形式，如三幅路或四幅路。

③次干路是城市的交通干路，兼有服务功能。次干路配合主干路组成道路网，起广泛连接城市各部分与集散交通的作用。

④支路是次干路与街巷路的连接线，解决局部地区交通，以服务功能为主。街巷内部道路，作为街巷建筑的公共设施组成部分，不列入等级道路以内。

2. 公路

公路是指在城市以外，连接相邻市县、乡村、港口、厂矿和林区等，主要供汽车行驶，且具备一定技术条件和交通设施的道路。根据其功能、使用任务和远景交通量等综合因素可分为 5 个等级：高速公路、一级公路、二级公路、三级公路和四级公路。

①高速公路为专供汽车分向、分车道行驶，并应全部控制出入的多车道公路，一般能适应将各种汽车折合成小客车的远景设计年限年平均昼夜交通量 25 000 辆以上（四车道：25 000 ~ 55 000 辆；六车道：45 000 ~ 80 000 辆；八车道：60 000 ~ 100 000 辆）。

②一级公路为供汽车分向、分车道行驶，并可根据需要部分控制出入及部分立体交叉的多车道公路，一般能适应将各种汽车折合成小客车的远景设计年限年平均昼夜交通量 15 000 ~ 55 000 辆（四车道：15 000 ~ 30 000 辆；六车道：25 000 ~ 55 000 辆）。

③二级公路为供汽车行驶的双车道公路，一般能适应将各种汽车折合成小客车的远景设计年限年平均昼夜交通量 7 500 ~ 15 000 辆。

④三级公路为主要供汽车行驶的双车道公路，一般能适应将各种汽车折合成小客车的远景设计年限年平均昼夜交通量 2 000 ~ 6 000 辆，为沟通县及县以上城市的一

般干线公路。

⑤四级公路为主要供汽车行驶的双车道或单车道公路，一般能适应将各种汽车折合成小客车的远景设计年限年平均昼夜交通量2 000辆（单车道400辆）以下，为沟通县、镇、乡的支线公路。

公路按其重要性和使用性质又可分为国家干线公路（国道）、省级干线公路（省道）、县级公路（县道）和乡级公路（乡道）。

3. 农村道路

农村道路一般是指在农村中联系乡、村、居民点的主要道路，其交通性质、特点、技术标准要求等均与公路不同。

4. 专用道路

专用道路包括厂矿道路和林区道路。厂矿道路是指修建在工厂、矿区内部以及厂矿到公路、城市道路、车站、港口衔接处的对外连接段，主要为工厂、矿山运输车辆通行的道路。林区道路是指修建在林区，主要供各种林业运输工具通行的道路。

（二）道路工程的组成

道路工程的基本组成部分包括：路床、路基、路面、桥梁、涵洞、隧道、防护与加固工程、排水设施、山区特殊构造物，城市道路还包括各种管线等，以及为保证汽车行驶的安全、畅通和舒适的各种附属工程，如公路交通安全设施、路用房屋、综合服务区（加油站、维修站、餐饮、宾馆等）及绿化栽植等。此外，还包括为防止路基填土或山坡土体坍塌而修筑的承受土体侧压力的挡土墙，以及为保持路基稳定和强度而修建的地表和地下路基排水设施，包括边沟、截水沟、排水沟、急流槽、渗沟、渗水井等。

二、道路工程施工的一般特点

新建、改造或扩建的道路工程，其施工都不同程度地呈现以下特点：

①道路工程是固定在土地上的构筑物，而施工生产是流动的，所以道路工程施工组织是复杂的，这是区别于工业生产的最根本的特点。由于道路工程施工的流动性，就需要把众多的劳力、施工机具、材料在时间和空间上加以合理地组织，从而使它们在线性的施工现场按照科学的施工顺序流动，不致互相妨碍而影响施工，这是施工组织的重要内容。

②道路工程施工规模大、周期长，施工组织工作十分艰巨。由于道路工程往往工程量较大，需要消耗大量的人力和物力，施工组织工作不仅要做好统筹部署，还要考虑不同工种之间的开、竣工的衔接，只有这样，才能保证公路工程施工生产连续且有

序地进行。

③道路工程施工是在室外进行的，受气候和自然条件的影响与制约，这决定了公路施工组织工作的特殊性和不能全年连续均衡地进行施工生产。因此，在施工组织中，要对雨季、冬季和高温季节采取特殊的技术措施和施工方法，在高空和地下作业则要采取必要的防护措施，并尽可能连续而均衡地进行施工，注意避免气候、自然条件对施工生产所产生的不利影响，以确保工程质量和施工安全以及工期要求。

综上所述，道路工程施工的特点集中表现在施工条件复杂多变及其给施工生产活动带来很大的困难上，故要求针对道路工程的不同对象、不同的施工条件，从实际出发，充分做好准备工作，包括施工管理和组织计划工作。施工中实行流水作业，严格施工管理，健全岗位责任制，加强质量保证体系工作，每道工序都要严格把关，前一道工序未经验收不得进行下道工序，稳妥而科学地做好施工组织工作。

三、道路工程施工的基本程序

道路工程施工的基本程序是指施工单位从接受施工任务到工程竣工阶段必须遵守的工作程序。

（一）施工准备工作

施工准备工作是为拟建工程的施工建立必要的技术和物质条件，统筹安排施工力量和现场。施工准备工作也是施工企业搞好目标管理、推行技术经济承包的依据。

为了保证施工顺利进行，在施工准备阶段，建设主管部门应根据计划要求的建设进度指定一个企业或事业单位组织基建管理机构，办理登记及拆迁，做好施工沿线有关单位和部门的协调工作，抓紧配套工程项目的落实，组织施工范围内的技术资料、材料、设备的供应；勘测设计单位应按照技术资料供应协议，按时提供各种图纸资料，做好施工图纸的会审及发放工作；施工单位应组织机具、人员进场，进行施工测量，修筑便道及生产、生活等临时设施，组织材料、物资采购、加工、运输、供应、储备，做好施工图纸的接收工作，熟悉图纸的要求。

（二）组织施工

施工准备就绪后，施工单位向上一级单位提交开工申请，主管技术部门报监理工程师，由总监下达开工命令。施工单位要遵照施工程序和施工组织计划中所拟定的施工方法合理组织施工。施工过程中应严格按照设计要求和施工规范施工，确保工程质量，安全施工。推广应用新工艺、新技术，努力缩短工期，降低造价，同时应注意做好施工记录，建立技术档案。

组织施工应具备的文件有：①设计文件；②施工规范和技术操作规程；③各种定额；④施工图预算；⑤施工组织设计；⑥道路工程质量检验评定标准和施工验收规范。

（三）竣（交）工验收、交付使用

竣（交）工验收阶段主要工作是检查施工合同的执行情况，评价工程质量，对各参建单位工作进行初步评价。各合同段的设计、施工、监理等单位参加竣（交）工验收工作，由项目法人负责组织。公路工程竣（交）工验收工作一般按合同段进行，并应具备以下条件：合同约定的各项内容已全部完成；施工单位按《公路工程质量检验评定标准》及相关规定对工程质量自检合格；监理单位对工程质量评定合格；质量监督机构按"公路工程质量鉴定办法"对工程质量进行检测；竣工文件按要求完成，施工单位、监理单位完成本合同段的工作总结报告。

竣（交）工验收阶段主要工作是对工程质量、参建单位和建设项目进行综合评价，并对工程建设项目做出整体性综合评价。竣（交）工验收时成立竣工验收委员会，由交通运输主管部门、公路管理机构、质量监督机构、造价管理机构等单位代表组成。公路工程竣（交）工验收应具备以下条件：通车试运营2年以上；竣（交）工验收提出的工程质量缺陷等遗留问题已全部处理完毕，并经项目法人验收合格；工程决算编制完成，并经交通运输主管部门或其授权单位认定；档案、环保等单项验收合格；各参建单位完成工作总结报告；质量监督机构对工程质量检测鉴定合格，并形成工程质量鉴定报告。

四、道路工程施工准备工作

道路工程施工前施工单位的准备工作，是为了保证施工正常进行而必须做好的一项重要工作。它之所以重要，是因为道路施工是一项非常复杂的生产活动，需要处理一系列复杂的技术问题、耗用大量的物资、使用众多人力和动用机械设备资源，所遇到的条件也是多种多样的。因而，施工前准备工作考虑的影响因素越多，准备工作做得越充分，则施工会越顺利。

施工企业在投标时应成立工程项目部，施工单位在获得工程任务并与建设单位签订工程施工承包合同后，应按照合同的要求着手进行施工准备工作。施工准备工作分为组织准备、技术准备、物资准备和施工现场准备等几个方面。

（一）组织准备工作

组织准备工作主要是建立和健全施工组织管理机构，制定施工管理制度，明确施工任务，确立施工应达到的目标。施工组织管理机构是为完成道路工程施工而设置的负责现场指挥、管理工作的组织机构，一般由项目经理部及下设各职能部门组成。建立严格的责任制，按计划将责任预先落实到有关部门甚至个人，同时明确各级技术负责人在施工准备工作中所负的责任，从而充分调动各部门和技术人员的积极性，使他们责任、权利相统一。建立完善的施工管理制度是公路施工管理的核心。施工管理制度包括施工计划管理制度、工程技术管理制度、工程成本管理制度、施工质量安全管理制度等。

（二）技术准备工作

技术准备工作，即通常所说的"内业"工作，它是工程顺利实施的基础和保证。技术准备工作的好坏，直接影响到工程的进度、质量和经济效益，因此必须高度重视。技术准备工作的内容主要包括熟悉设计文件、现场调查核对、设计交桩和技术交底及建立工地试验室。

1. 熟悉和审核图纸，深化施工组织设计

项目负责人组织有关人员对施工图纸和资料进行学习和自审，如有疑问，应做好统计，在业主召开的设计交底和图纸会审中提出，请上级部门给予解答。

施工组织设计是全面安排施工生产的技术经济文件，是指导施工的主要依据。施工组织设计是以一个建设施工项目为编制对象，用以规划整个拟建工程施工活动的技术经济文件。它是整个项目施工任务总的战略性部署安排，主要内容包括工程概况、施工布置与施工方案、施工总进度计划、施工准备工作及各项资源需要量计划、施工总平面图、主要技术组织措施及主要技术指标。

2. 设计交桩和技术交底

建设单位负责人召集设计、施工、监理、科研人员参加图纸会审会议。设计人员向施工方做图纸交底，讲清设计意图和对施工的主要要求，并对设计桩点进行复测交接。施工人员应对图纸和有关问题提出质询。最终由设计单位对图纸会审中提出的合理化建议，按程序进行变更设计或作补充设计。

3. 建立工地试验室

工地试验室是为施工现场提供直接服务的试验室，主要任务是配合路基、路面、桥涵等工程施工，对工地使用的各种原材料、加工材料及结构性材料的物理力学性能，以及施工结构体的几何尺寸等进行检测。工地试验室的作用是通过各种材料试验，选用合适的材料及其性能参数，以保证工程结构物的强度和耐久性，并有利于掌握各种材料的施工质量指标，保证结构物的施工质量。工地试验室的试验检测人员必须是具有试验检测资质的检测机构的正式持证注册人员。

施工前的准备工作带有全局性，它是组织施工的第一步，没有这项工作，工程就不能顺利开工，更不能连续施工。没有准备或准备不充分，均会使以后施工难以顺利进行。

（三）物资准备工作

物资准备工作是指施工中必需的劳动手段和施工对象的准备。它是根据各种物资需要量计划，分别落实货源、组织运输和安排储备，以保证连续施工的需要。物资准备是各种材料与机具设备购置、采集、调配、运输和储存，临时便道及工程房屋的修建，供水、供电、必需生活设施等的安装及建设等工作。

在道路施工前，各种生产、生活需用的临时设施，如各种仓库、搅拌站、预制构件厂（站、场）、各种生产作业棚、办公用房、宿舍、食堂、文化设施等均应按施工组织需要的数量、标准、面积、位置等在施工前修建完毕。修建完毕各种生产、生活需用的临时设施后，应及时根据施工组织设计确定的材料、半成品、预制构件的数量、品种、规格以及施工机具设备，编制好物资供应计划，按计划订货和组织进货，按照施工平面图要求在指定地点堆存或入库；对砂子、碎石、钢材等材料应提前做各种试验，确定其是否满足设计要求；对各种标号混凝土提前做好其配比；对施工将使用的施工机械和机具需用量进行计划，按计划进场安装、检修和试运转。

施工队应提早调整、健全和充实施工组织机构，进行特殊工种、稀缺工种的技术培训和持证上岗，提前预招临时工和合同工，落实具有相应资质的专业施工队伍和外包施工队伍。同时，根据地理位置、气候条件，夏、冬、雨期施工也应做些适当准备。

（四）施工现场准备工作

（1）恢复定线测量

恢复定线测量的主要程序为：①检查工程原测设的所有永久性标桩；②复测；③将施工中所有的标桩进行加固保护，并对水准点、三角网点等设立易于识别的标志；④向监理工程师提供全部的测量标记资料；⑤完成全部恢复定线、施工测量设计和施工放样；⑥各合同段衔接处的测量应在监理工程师的统一协调下由相邻两合同段的承包人共同进行，将测量结果协调统一在允许的误差范围内。

（2）建造临时设施

①工地临时房屋设施包括行政办公用房、宿舍、文化福利用房及作业棚等。其需要量根据职工与家属的总人数和房屋指标来确定。

②仓库用来存放施工所需要的各种物资器材，按物资的性质和存放量要求，其形式可以是露天、敞棚、房屋或库房。仓库物资贮存量应根据施工条件通过计算确定。

（3）临时交通便道

在工地布设临时交通便道时应遵循下列原则：

①临时交通道路以最短距离通往主体工程施工场所，并连接主干道路，使内外交通便利。

②充分利用原有道路，对不满足使用要求的原有道路，应在充分利用的基础上对其进行改建，节约投资和施工准备时间。

③在本工程的施工与现有的道路、桥涵发生冲突和干扰之处，承包人都要在本工程施工之前完成改道施工或修建临时道路。

④利用现有的乡村道路作为临时道路，应将该乡村道路进行修整、加宽、加固及设置必要的交通标志，并经监理工程师验收合格后方可通行。

⑤工程施工期间，应配备人员对临时道路进行养护，以保证临时道路的正常通行。

⑥尽量避开洼地和河流，不建或少建临时桥梁。

（4）工地临时用电

施工现场用电，包括生产用电和生活用电。其中，生活用电主要是照明用电；生产用电包括各种生产设施用电、主体工程施工用电、其他临时设施用电。

（5）工地临时用水

根据施工现场平面布置图中的临时用水、临时用电设计方案，做好施工现场的正常施工、生活和消防的临时用水管线铺设工作。

五、道路工程施工常用机械

（一）土石方机械

1. 推土机

推土机是一种多用途的自行式土方工程建设机械，它能铲挖并移运土壤。例如，在道路建设施工中，推土机可完成：路基基底的处理；路侧取土横向填筑高度不大于2 m 的路堤；沿道路中心线铲挖移运土壤的路基挖填工程；傍山取土修筑半堤半堑的路基。推土机还可用于平整场地、局部碾压、给铲运机助铲和预松土、堆集松散材料、清除作业地段内障碍物，以及牵引各种拖式土方机械等作业。

推土机按行走装置不同分为履带式和轮胎式，按工作装置不同分为固定式铲刀（直铲）和回转式铲刀（斜铲），按操纵方式不同分为钢丝绳机械操纵和液压操纵等类型。对工程量较为集中的土石方工程一般采用液压操纵的履带式推土机。推土机适用的经济运距为 50 ~ 100 m，不宜超过 100 m。

2. 铲运机

铲运机是一种利用铲头在随机械一起行进中依次完成铲削、装载、运输和铺筑的铲土运输机械。它广泛用于公路、铁路、水利、港口及大规模的建筑等施工中的土方作业。铲运机按行走方式不同分为有牵引式（拖式）和自行式，按操纵方式不同分为机械传动、液压传动、电力传动和静压传动等类型。在施工作业时，铲运机作业的卸土有强制式、半强制式、自行式卸土三种。铲运机的特点是能独立完成铲土、运土、卸土、填筑、压实等工作。铲运机对行驶道路要求较低，常用于坡角在20°以内的大面积场地平整，开挖大型基坑、沟槽，以及填筑路基等土方工程。

一般来说，铲运机可在Ⅰ～Ⅲ类土中直接挖土、运土，适宜运距为600～1 500 m，当运距为200～350 m时效率最高。铲运机的经济运距和行驶道路坡度是铲运机选型的重要依据。如果运距短、坡度大、路面松软，以选择拖式铲运机为宜；如果运距较长、坡度大，宜采用双发动机驱动的自行式铲运机比较经济；如果路面较平坦，则选用单发动机驱动的自行式铲运机较为经济。铲运机适用于中等运距（100～200 m）和道路坡度不大条件下的大量土方转移工程。如果运距太短（100 m以内），采用铲运机是不经济的。这时采用推土机或轮胎式自装自运较为适宜，运距特长（200 m及200 m以上）则采用自卸汽车较为经济。

3. 单斗挖掘机

单斗挖掘机是一个刚性或挠性连续铲斗，以间歇重复式循环进行工作，是一种周期作业自行式土方机械。当场地起伏高差较大、土方运输距离超过1 000 m，且工程量大而集中时，可采用单斗挖掘机挖土，配合自卸汽车运土，并在卸土区配备推土机平整土堆。

单斗挖掘机有内燃驱动、电力驱动、复合驱动的装置，挖斗有正铲挖掘机、反铲挖掘机、拉铲挖掘机、抓铲挖掘机等形式。正铲挖掘机的特点是前进向上，强制切土，能开挖停机面以上的Ⅰ～Ⅳ级土，适用在地质较好、无地下水的地区工作。反铲挖掘机的特点是后退向下，强制切土，能开挖停机面以下的Ⅰ～Ⅲ级土，适宜开挖深度4 m以内的基坑，对地下水位较高处也适用。拉铲挖掘机的特点是后退向下，自重切土，能开挖停机面以下的Ⅰ～Ⅱ级土，适宜大型基坑及水下挖土。抓铲挖掘机的特点是直上直下，自重切土，特别适于水下挖土。

4. 装载机

装载机具有轮胎式及履带式的全回转式、半回转式和非回转式三种形式。它的优点是兼有推土机和挖掘机两者的工作能力，适应性强、作业效率高、操纵简便。

装载机常用于公路建设中的土石方铲运，以及推土、起重等多种作业，在运距不大或运距和道路坡度经常变化的情况下，如采用装载机与自卸车配合使用装运作业，会使工效下降，费用增高。在这种情况下，可单独采用装载机作为自铲运设备使用。

5. 平地机

平地机是用装在机械中央的铲土刮刀进行土壤的切削、刮送和整平连续作业，并配有其他多种辅助作业装置的轮式土方施工机械。当配置推土铲、土耙、松土器、除雪犁、压路机等附属装置、作业机具时，平地机可进一步扩大使用范围，提高工作能力或完成特殊要求的作业。

平地机主要用于修筑路基路面横断面、路基边坡整理工程的刷坡作业，开挖边沟及路槽，平整场地等；还可用来在路基上拌和路面材料、摊铺材料，修整和养护土路基路面，推土，疏松土壤，清除杂物、石块和积雪等。

（二）压实机械

压路机一般分为光轮压路机、轮胎压路机和振动压路机三种。光轮压路机的自重可以在一定范围内调整以改变单位线压力，一般用于整理性压实工作，对于容重要求较低的黏性土、砂砾料、风化料、冲击砾质土较为适合。轮胎压路机具有弹性，在碾压时与土体同时变形，其碾压作用力主要取决于轮胎的内压力。接触面积与压实深度有着密切的关系，为了得到较大的接触面积，又增加压实深度，在轮胎允许范围内尽可能增加轮胎碾的负荷。一般地，刚性碾轮由于受到土壤极限强度的限制，机重不能太大，而轮胎碾则没有这个缺点，所以轮胎碾适合于压实黏性土及非黏性土，如壤土、沙壤土、砂土、沙砾料等土质，同时对于路面施工也常常采用振动压路机俗称振动碾，其主要优点有：一是单位面积压力大，可适当增加压实厚度，碾压遍数也可适当减少；二是结构重力小，外形尺寸小。其最大缺点就是振动及噪声大，易使机械手过度疲劳。

六、道路工程现场施工安排

道路施工是一项非常复杂的生产活动，它不仅需要有诸如进度计划、质量和成本等实际管理和劳动力、建设物资、工程机械、工程技术及财务资金等诸要素管理，而且要为完成施工目标和实现组织施工要素的生产事务服务，否则就难以充分地利用施工条件，发挥施工要素的作用，甚至无法进行正常的施工活动，实现施工目标。

（一）现场施工管理基本任务

现场施工管理的基本任务是根据生产管理的普遍规律和施工的特殊规律，以每一个具体工程和相应的施工现场为对象，正确地处理好施工过程中的劳动力、劳动对象和劳动手段的相互关系及其在空间布置上和时间安排上的各种矛盾，做到人尽其才、物尽其用，安全地完成施工任务。

（二）现场施工管理基本内容

现场施工管理包括以下基本内容：

①编制施工作业计划并组织实施，全面完成计划指标；②做好施工现场的平面布置，合理利用空间，创造良好的施工条件；③做好施工中的调度工作，及时协调施工工种和专业工种之间，以及总包与分包之间的关系，组织交叉施工；④做好施工过程中的作业准备，为连续施工创造条件；⑤保护施工环境，节约社会资源，建设优良工程；⑥科学合理地设置管理机构，保证现场管理全面协调运作；⑦认真填写施工日志、施工记录及拍录施工影像资料，为交工验收和技术档案积累资料。

（三）道路施工组织管理内容

道路工程施工要多快好省地完成施工生产任务，必须有科学的施工组织，并合理地解决好一系列问题，其具体任务如下：

①确定开工前必须完成的各项准备工作。

②计算工程数量，合理部署施工力量，确定劳动力、机械台班、各种材料、构件等的需要量和供应方案。

③确定施工方案，选择施工器具。

④安排施工顺序，编制施工进度计划。

⑤确定工地上的设备停放场、料场、仓库、办公室、预制场地等的平面布置。

此外，道路工程的施工总方案可以是多种多样的，应该依据道路工程具体特点、工期需求、劳动力数量及技术水平、机械设备能力、材料供应以及构件生产、运输能力、地质、气候等自然条件及技术经济条件进行综合分析，进行方案比选，选择最理想的施工方案。

把上述各项问题加以综合考虑并做出合理的决定，形成指导施工生产的技术经济文件——施工组织设计。施工组织设计本身是施工技术准备工作，是指导施工的准备工作，是全面布置施工生产活动、控制施工进度、进行劳动力和机械调配的基本依据，对是否能多、快、好、省地完成道路工程的施工生产任务起着决定性作用。

七、道路工程安全文明施工和环境保护

（一）安全施工措施

在建筑安装施工生产中，有近80%的生产安全事故都是由于职工自身的不安全行为造成的。从构成事故的三因素，即人、机械、环境的关系分析，"机械设备""环境"相对比较稳定，唯有"人"是最活跃的因素，而"人"又是操作机械设备、改变环境的主体，因而，紧紧抓住"人"这个活跃因素，通过科学的管理、有效的培训和教育、正确的引导和宣传，以及合理、及时的班组安全活动，不断提高员工的安全素质，是做好安全生产管理工作的关键。

具体的安全保证措施有以下几点：

①建立健全项目安全生产保证体系，实施安全生产责任制，确保各专业项目负责人及技术负责人对劳动保护和安全生产的工作负责。工程项目经理部必须建立安全生产领导小组，各班组设安全员，各作业点应有安全监督岗，并将安全生产责任制层层落实。

②组织工程项目施工的安全教育和技术培训考核，对管理人员和施工操作人员，按其各自的安全职责范围进行教育，并建立安全生产奖惩制度，认真落实。

③确保必需的安全投入。购置必备的劳动保护用品、安全设备及设施，确保完全满足安全生产的需要。另外，积极做好安全生产检查，发现事故隐患要及时整改。

④所有工程在开工前必须编制有安全技术的施工组织设计（包括施工用电组织设计）及技术复杂的专项方案，必须严格审核批准手续、程序。必须逐级进行安全技术交底，技术交底应有书面资料或有作业指导书（或操作细则）。技术交底针对性要强，并履行签字手续，保存资料。项目经理部安全员负责监督检查，严格按照安全技术交底的规定要求进行作业。

⑤施工现场应实施机械安全管理及安装验收制度。使用的施工机械、机具和电气设备，在安装前应当按照规定的安全技术标准进行检测，经检测合格后方可安装，机械安装要按平面布置进行。在投入使用前，应按规定进行验收，并办好验收登记手续。经验收，确认机械状况良好，能安全运行的，才准许投入使用。所有机械操作人员都必须经过培训合格后持证上岗。机械操作人员要进行登记存档，按期复验。使用期间，应当指定专人负责维护、保养，保证机械设备的完好率和使用率以及安全运行。

⑥安全检查由项目经理或主管施工生产负责人主持，项目经理部有关人员参加。对查出的隐患，要建立登记、整改、验证、消项制度，要定人、定措施、定经费、定完成日期，在隐患消除前，必须采取可靠的防护措施，如有危及人身安全的紧急险情，应立即停止作业。

⑦施工现场临时用电要有施工组织设计或方案，应按《施工现场临时用电安全技术规范》（JGJ 46）的要求进行设计、验收和检查。临时用电还要有安全技术交底及验收表，要有变更记录，健全安全用电管理制度和安全技术档案。临时用电应落实四项技术措施：a. 防止误触带电体的措施；b. 防止漏电措施；c. 实行安全电压措施；d. 采用三相五线制。所有接地和重复接地电阻值，经检验应符合规范要求。

此外，在做好工地内安全工作的同时应对沿线居民做好安全宣传工作，提高广大行人的安全意识，确保在整个施工过程中无安全事故发生。

（二）文明施工措施

文明施工能够展示施工单位的形象，体现施工队伍的素质。施工的文明性主要包括场容场貌、料具管理以及综合治理。

1. 场容场貌

施工现场进出口大门外应悬挂"六牌二图"，即工程概况牌、管理人员名单及监督电话牌、现场出入制度牌、安全生产牌、消防保卫牌、文明施工牌和现场平面布置图、建筑物效果图。工地设有施工总平面图及安全生产、消防保卫、环境保护、文明施工等制度牌，施工危险区域或夜间施工均有醒目的安全警示标志，各类标牌整齐、规范。施工现场应将工程项目名称，建设、监理及施工单位名称，工程开、竣工时间等内容标注在醒目位置。

2. 料具管理

施工现场外临时存放的施工材料，须经有关部门批准，并应按规定办理临时占地手续。材料要码放整齐、符合要求，不得妨碍交通和影响市容，堆放散料时应进行围挡。料具和构配件应按施工平面布置图指定位置分类码放整齐。预制圆管、预制板等大型构件和大模板存放时，场地应平整夯实、有排水措施，码放应符合规定。施工现场的材料保管，应依据材料性能采取必要的防雨、防潮、防晒、防冻、防火、防爆、防损坏等措施。贵重物品、易燃、易爆和有毒物品应及时入库，专库专管，加设明显标志，并建立严格的领、退料手续。

3. 综合治理

首先，要加强职工的教育，应经常对参与施工过程的职工（包括新入场的工人）进行文明施工的教育。除对全体职工进行文明施工教育外，还应分工种进行文明施工教育以及根据施工进度部位对职工进行有针对性的文明施工教育。此外，要加强对职工宿舍卫生的管理，生活污水要及时处理，做到卫生区内无污水、无污物，不得出现废水乱流等现象。

（三）环境保护措施

依照国家、地方环境及相关法规，确定施工过程中要做的环境保护工作及具体的工作安排，使施工期的环境保护工作有序、有效进行，减少施工过程对周围环境造成的不利影响。环境保护的目标是：在工程施工期间，对废水、废气和固体废弃物进行全面控制，尽量减少这些污染排放所造成的影响，文明施工，保护农田和农作物。

施工中的环境污染问题，主要包括水污染、大气污染、噪声污染及固体废弃物污染等。针对这几种问题，有以下几种处理方法：

①在开工前完成工地排水和废水处理设施的建设，保证工地排水和废水处理设施

在整个施工过程的有效性，做到现场无积水、排水不外溢、不堵塞、水质达标。

②对易产生粉尘、扬尘的作业面和装卸、运输过程，制定操作规程和洒水降尘制度，在旱季和大风天气适当洒水，保持湿度。合理组织施工，优化工地布局，使产生扬尘的作业、运输尽量避开敏感点和敏感时段（人群活动的时段），运输车辆应设有有效的封闭措施。易飞扬细颗粒散体物料尽量安排库内存放，堆土场、散装物料露天堆放场要压实、覆盖。此外，要尽量使用清洁能源。

③施工中各种临时设施和场地，如堆料场、加工厂、轧石厂、沥青厂等距居民区不宜小于 300 m，而且应设于居民区主要风向的下风处。使用机械设备的工艺操作，要尽量减少噪声、废气等污染，施工场地的噪声应遵守当地有关部门对施工场地的具体规定。

④回填土方时，减少回填土方的堆放时间和堆放量，堆土场周围加护墙或护板，保证回填土的质量，不将有毒有害物质和其他工地废料、垃圾用于回填。制订泥浆和废渣的处理方案，选择有资质的运输队伍，及时清运施工弃土和渣土，建立登记制度，防止中途倾倒事件的发生并做到运输途中不撒落。剩余料具、包装即时回收、清退。对可利用的废弃物尽量回收利用，各类垃圾及时清扫、清运，不随意倾倒，一般要求每班清扫、每日清运。施工现场无废弃砂浆和混凝土，运输道路和操作面落地料及时清用，砂浆、混凝土倒运采取防撒落措施。

第二节 道路桥梁分类与构造

一、道路桥梁分类

按结构体系划分，有梁式桥、拱桥、刚架桥、悬索桥四种基本体系，其他还有几种由基本体系组合而成的组合体系等。

（一）按结构体系划分

1. 梁式体系

梁式体系是古老的结构体系。梁作为承重结构是以它的抗弯能力来承受荷载的。梁分简支梁、悬臂梁、固端梁和连续梁等。

2. 拱式体系

拱式体系的主要承重结构是拱肋（或拱箱），以承压为主，可采用抗压能力强的坊工材料（石、混凝土与钢筋混凝土）来修建。拱分单铰拱、双铰拱、三铰拱和无铰拱。

拱是有水平推力的结构，对地基要求较高，一般常建于地基良好的地区。

3. 刚架桥

刚架桥是介于梁与拱之间的一种结构体系，整个体系是压弯结构，也是有推力的结构。刚架分直腿刚架与斜腿刚架。刚架桥施工较复杂，一般用于跨径不大的城市桥或公路高架桥和立交桥。

4. 悬索桥就是指以悬索为主要承重结构的桥。悬索桥是大跨桥梁的主要形式。

（二）按桥梁种类划分

1. 板式桥

板式桥是公路桥梁中量大、面广的常用桥型，它构造简单、受力明确，可以采用钢筋混凝土和预应力混凝土结构，可做成实心和空心，就地现浇为适应各种形状的弯、坡、斜桥，因此，在一般公路、高等级公路和城市道路桥梁中广泛采用，尤其是建筑高度受到限制和平原区高速公路上的中、小跨径桥梁，特别受欢迎。板式桥可以减低路堤填土高度，少占耕地和节省土方工程量。

（1）板式桥的特点

实心板一般用于跨径13m以下的板桥。因为板高较矮，挖空量很小，空心拆模不便，可做成钢筋混凝土实心板，立模现浇或预制拼装均可。空心板用于等于或大于13m跨径的板桥，一般采用先张或后张预应力混凝土结构。先张法用钢绞线和冷拔钢丝；后张法可用单根钢绞线、多根钢绞线群锚或扁锚，立模现浇或预制拼装。成孔采用胶囊、拆装式模板或一次性成孔材料如预制薄壁混凝土管或其他材料。

（2）板式桥的发展趋势

钢筋混凝土和预应力混凝土板桥，其发展趋势为：

1）采用高标号混凝土，为了保证使用性能尽可能采用预应力混凝土结构；

2）预应力方式和锚具多样化；

3）预应力钢材一般采用钢绞线。

板桥跨径可做到25m，目前有建成35～40m跨径的桥梁。跨径太大，用材料不省，板高矮、刚度小，预应力度偏大，上拱高，预应力度偏小，可能出现下挠。若采用预制安装，横向连接不强，使用时容易出现桥面纵向开裂等问题。由于吊装能力增大，预制空心板幅宽有加大趋势，1.5m左右板宽是合适的。

2. 梁式桥

（1）简支T形梁桥

20世纪80年代以来，我国公路上修建了几座具有代表性的预应力混凝土简支T形梁桥（或桥面连续），如河南的郑州、开封黄河公路桥、浙江省的飞云江大桥等，其跨径达到 62m，吊装重 220t。

1）简支 T 形梁桥的特点

T 形梁采用钢筋混凝土结构的已经很少了，从 16 ~ 50m 跨径，都是采用预制拼装后张法预应力混凝土 T 形梁。预应力体系采用钢绞线群锚，在工地预制，吊装架设。

2）简支 T 形梁桥的发展趋势

①采用高强、低松弛钢绞线群锚：混凝土标号 40~60 号；

② T 形梁的翼缘板加宽，25m 是合适的；

③吊装重量增加。

为了减少接缝，改善行车条件，采用工型梁，现浇梁端横梁湿接头和桥面，在桥面现浇混凝土中布置负弯矩钢束，形成比桥面连续更进一步的"准连续"结构。预应力混凝土 T 形梁有结构简单、受力明确、节省材料、架设安装方便、跨越能力较大等优点。其最大跨径以不超过 50m 为宜，再加大跨径不论从受力、构造、经济上都不合理了。大于 50m 跨径以选择箱形截面为宜。

（2）连续箱形梁桥

箱形截面能适应各种使用条件，特别适合预应力混凝土连续梁桥、变宽度桥。因为嵌固在箱梁上的悬臂板，其长度可以较大幅度变化，并且腹板间距也能放大；箱梁有较大的抗扭刚度，因此，箱梁能在独柱式墩上建成弯斜桥；箱梁容许有最大细长度；应力值较低，重心轴不偏一边，同 T 形梁相比徐变变形较小。

1）连续箱形梁桥的特点

箱梁截面有单箱单室、单箱双室（或多室），早期为矩形箱，逐渐发展成斜腰板的梯形箱。

①箱梁桥可以是变高度，也可以是等高度；

②从美观上看，有较大主孔和边孔的三跨箱梁桥，用变高度箱梁是较美观的；

③多跨桥（三跨以上）用等高箱梁具有较好的外观效果。

由于连续箱梁在构造、施工和使用上的优点，近年来建成预应力混凝土连续箱梁桥较多。

2）其发展趋势

①减轻结构自重，采用高标号混凝土 40~60 号；

②随着建筑材料和预应力技术发展，其跨径增大，葡萄牙已建成 250m 的连续箱梁桥，超过这一跨径，也不是太经济的。

（3）T 形构桥

这种结构体系有致命弱点。从 20 世纪 60 年代到 80 年代初，我国公路桥梁修建了几座 T 形刚构桥，如著名的重庆长江大桥和泸州长江大桥，80 年代以后这种桥型基本不再修建，这里不赘述。

（4）连续刚构桥

连续刚构可以多跨相连，也可以将边跨松开，采用支座，形成刚构-连续梁体系。其优点如下：

1）一联内无缝，改善了行车条件。

2）梁、墩固结，不设支座。

合理选择梁与墩的刚度，可以减小梁跨中弯矩，从而可以减小梁的建筑高度。所以，连续刚构保持了 T 形刚构和连续梁的优点。连续刚构桥适合于大跨径、高墩。高墩采用柔性薄壁，如同摆柱，对主梁嵌固作用减小，梁的受力接近于连续梁。柔性墩需要考虑主梁纵向变形和转动的影响以及墩身偏压柱的稳定性；墩壁较厚，则作为刚性墩连续梁，如同框架，桥墩要承受较大弯矩。由于连续刚构受力和使用上的特点，在设计大跨径预应力混凝土桥时，优先考虑这种桥形。当然，桥墩较矮时，这种桥型受到限制。

（5）钢筋混凝土拱桥

拱桥在我国有悠久历史，属我国传统项目，也是大跨径桥梁形式之一。石拱桥由于自重大，材料加工费时费工，大跨石拱桥修建少了。山区道路上的中、小桥涵，因地制宜，采用石拱桥（涵）还是合适的。大跨径拱桥多采用钢筋混凝土箱拱、劲性骨架拱和钢管混凝土拱。我国钢筋混凝土拱桥的跨径，一直落后于国外，主要原因是受施工方法的限制。我国桥梁工作者一直在探索，寻求安全、经济、适用的方法。根据近年的实践，常用的拱桥施工方法有：

1）主支架现浇。

2）预制梁段缆索吊装。

3）预制块件悬臂安装。

4）半拱转体法。

5）刚性或半刚性骨架法。

钢筋混凝土拱桥自重较大，跨越能力比不上钢拱桥。但是，因为钢筋混凝土拱桥造价低，养护工作量小，抗风性能好，仍被广泛采用，特别是崇山峻岭的我国西南地区。

（6）斜拉桥

斜拉桥是我国大跨径桥梁最流行的桥型之一。

1）我国斜拉桥的主梁形式。

①混凝土以箱式、板式、边箱中板式。

②钢梁以正交异性极钢箱为主，也有边箱中板式。

现在已建成的斜拉桥有独塔、双塔和三塔式。以钢筋混凝土塔为主。塔形有 H 形、倒 Y 形、A 形、钻石形等。斜拉桥的钢索一般采用自锚体系。

2）发展趋势。

近年来，开始出现自锚和部分地锚相结合的斜拉桥，如西班牙的鲁纳（Luna）桥，主桥440m；我国湖北郧县桥，主跨414m。地锚体系把悬索桥的地锚特点融于斜拉桥中，可以使斜拉桥的跨径布置更能结合地形条件，灵活多样，节省费用。斜拉桥的施工方法：混凝土斜拉桥主要采用悬臂浇筑和预制拼装；钢箱和混合梁斜位桥的钢箱采用正交异性板，工厂焊接成段，现场吊装架设。钢箱与钢箱的连接方式，一是螺栓，二是全焊，三是栓焊结合。斜拉桥发展趋势：跨径会超过1000m；结构类型多样化、轻型化；加强斜拉索防腐保护的研究；注意索力调整、施工观测与控制及斜拉桥动力问题的研究。

（7）悬索桥

悬索桥是特大跨径桥梁的主要形式之一，是跨千米以上桥梁的唯一桥型（从目前已建成桥梁来看说是唯一桥型）。

1）发展趋势

从发展趋势来看，斜拉桥具有明显优势。但根据地形、地质条件，若能采用隧道式锚碇，悬索桥在千米以内，也可以同斜拉桥竞争。根据理论分析，就目前的建材水平而言，悬索桥的最大跨径可达到3500m左右。已建成的日本明石海峡大桥，主跨已达1990m。正在计划中的意大利墨西拿海峡大桥，设计方案之一是悬索桥，其主跨3500m。当然还有规划中更大跨径的悬索桥。

2）悬索桥和斜拉桥的结合。

悬索桥跨径增大，如上所述当跨径达3500m时，动力问题将是一个突出的矛盾，所以，对特大跨桥梁，已提出用悬索桥和斜拉桥相结合的"吊拉式"桥型。在国外这种桥型目前还停留在研究之中，并未诸实施。然而，在我国贵州省乌江1997年年底建成了一座用预应力钢纤维混凝土薄壁箱梁作为加劲梁的吊拉组合桥，把桥梁工作者多年梦寐追求的桥型付诸实现，这是贵州桥梁工作者的大胆尝试，对推动我国乃至世界桥梁建设都有巨大作用。

我国幅员辽阔，经济发展水平参差不齐，经济上总体水平不高，道路桥梁发展还是要着眼于量大、面广的一般大、中桥，这类桥梁仍以预应力混凝土结构为主。首先，要着重抓多样化、标准化，编制适用、经济的标准图，提高施工水平和质量；然后再抓住跨越大江（河）、海湾的特大型桥梁建设，不断总结经验，既体现公路人的建桥水平，又保证高标准、高质量建桥。

二、道路桥梁构造

我国地域辽阔，因此，不同地域在道路桥梁的建设方面就要因地制宜。我国西部地区经济水平相对落后基础设施建设不完善，因此，其道路桥梁的建设和发展也比较慢。东部沿海地区经济较为发达，基础设施的建设和发展较西部地区要完善。因此，在建设道路桥梁时要保证因地制宜，深入分析实际的地域状况，针对不同的结构问题采取有效的措施来促进道路桥梁施工安全有效进行。

（一）我国道路桥梁结构存在的问题

1. 道路桥梁设计构造的体系问题

在道路桥梁的施工之前，最重要的设计任务是要分析出最为科学的结构方案，然后在这基础上进行相关的结构分析和构建的链接，在这个过程中要运用科学的运算方法和数据来证明结构的安全性。但是在国内的道路桥梁结构的设计领域来讲，还有很多地方的设计需要改进。国内很多设计人员在道路桥梁的结构设计当中只是满足了安全等级的最低要求，忽视了道路桥梁的整体结构体系等。这就使得在道路桥梁施工后虽然安全等级基本上可以达标，但是整个建筑整体受力不均，再加上使用过程中缺少维护，造成了道路桥梁的种种问题。

2. 道路桥梁结构的施工问题

随着经济建设的大力推进，基础设施建设也在不断地发展，道路桥梁的施工工程也就越来越多。但是在这种大背景下，施工的速度和周期也就越来越快，这就造成了施工安全问题。很多建筑承包商为了追求经济效益就会缩短施工周期或者是偷工减料等；除此之外，当下的建筑市场中还存在着大量的低等建材，一旦这些建筑材料被应用于道路桥梁的建筑上就会造成非常大的不利影响。

3. 道路桥梁的结构维护问题

道路桥梁的建设在竣工后基本都投入到了使用阶段，但是在使用的过程中需要进行定期的保养与维护。良好的维护工作不仅能够保证道路桥梁的正常使用与运行，而且能够及时发现道路桥梁在使用过程中的问题，以便及时采取措施来进行调整。而目前我国的道路桥梁维护工作缺乏系统性，大多数情况下都是事故发生以后有关部门才采取措施进行相应的调整或管理，而不是在事故发生之前就进行检查和维护，这就在客观上造成了一定的经济损失。因此，在道路桥梁的结构设计中维护保养的计划方案必不可少。

（二）道路桥梁结构问题的解决措施

1. 重视道路桥梁结构设计的经久耐用

在道路桥梁工程投入使用后会经受车辆、疲劳、风霜雨雪等各种外部因素带来的影响。此外，道路桥梁本身还会经受自身材料老化所带来的影响。虽然我国在道路桥梁设计施工方面的技术已经取得较大的进步，但是道路桥梁的构造施工和设计问题还是在一定范围内存在。因此，道路桥梁的结构设计一定要充分考虑到投入使用后的种种不利因素，在保证施工材料的质量后还要保证施工技术，只有这样才能保证道路桥梁的经久耐用，保证工程质量。

2. 重视道路桥梁结构中的附属工程设计

附属工程设计是道路桥梁施工过程中的重要组成部分。附属工程设计的质量不仅关系到道路桥梁在投入使用后的安全以及顺利使用，也关系到道路桥梁在后期的维护维修工作。这就需要在施工过程的结构设计中将其重视起来。在特等大桥或者是大桥的设计结构中要首先规划处理对紧急状况的附属工程设计。

例如，设置紧急停车带或者是隔离护栏，以方便出现紧急情况时有充分的条件进行应对。此外，在一些地方还需要设置警示牌来进行警示，避免道路桥梁在使用过程中出现任何意外状况。

此外，在附属工程的构造问题中还要充分考虑到道路桥梁在使用过程中的超负荷运转的状况。在我国运输业始终是比较红火的领域，由于人口众多和经济建设的需要，大量的人流、物流需要疏散，这就对道路桥梁的构造设计提出了更高的要求。只有充分重视这些问题，才能在满足经济建设的基础上保证道路桥梁的安全使用。

3. 加强道路桥梁的承载力结构的设计

在道路桥梁工程投入使用以后，由于时间的延长和外部自然因素或非自然因素的影响，可能会在一定程度上引起钢结构的老化甚至坍塌。道路桥梁在使用的过程中，会在一定程度上引发结构上的振动或者是疲劳损伤。此外，由于道路桥梁的建筑材料不是均匀的、连续的，那么这些缺陷就会在道路桥梁的使用过程中逐渐显现出来，如果对这些问题处理不当就会造成安全问题。因此，对于这方面的研究和控制必须加强应对。

4. 加强道路桥梁下部构造的设计

在道路桥梁的施工过程中，下部构造在其中占有非常重要的地位。在实际的道路桥梁施工过程中，针对同一桥梁的施工设计其下部构造结构应该形成统一，这样在使用时就会有效地避免由于超载或者是其他因素造成的不均匀沉降。对于一些轻型式的桥梁其桥台高度较高、导致其台后土压力较大，为了保证桥梁的安全使用就需要对其进行各部位受力的检查，以此来保证桥梁的受力均匀。

另外，在桥梁支座的制作方面要使用质量较好的混凝土来进行浇灌，同时在施工时要保证其与盖梁的强度相当，只有这样才能在道路桥梁的构造上取得良好的施工质量、才能具备明确的道路桥梁的施工方案，从而保证工程质量和现代化建设的正常运行。

道路桥梁的构造设计是一个十分复杂而又系统的工程，伴随着我国经济建设的发展和基础设施建设的不断完善，道路桥梁的建设和质量应该得到重视。道路桥梁的结构不仅关系到民众的切身利益，而且关系到我国经济建设的繁荣稳定。所以，对于我国道路桥梁结构的问题必须加以充分重视，在设计和建筑的过程中要严格按照国家相关的法律法规和建筑标准来执行，切实保证道路桥梁工程的质量，为现代化建设提供基础设施。

第三节　道路桥梁设计与加固

一、道路桥梁设计

随着经济的不断发展，社会的快速进步带来了建筑行业的飞跃发展，道路桥梁建设也随之发展开来。文章中笔者结合多年的工作经验，对道路桥梁设计过程中如何提高道路桥梁工程的质量和安全系数进行介绍，使之成为现代化的道路桥梁。

（一）道路桥梁设计过程中存在的问题

1.道路桥梁设计过程中的安全问题

目前，在道路桥梁设计过程中存在的最关键的问题是安全问题。许多道路桥梁在设计时一味追求道路桥梁的美观，使得道路桥梁的安全性无法得到最有效的保障。主要体现在以下几个方面：

（1）设计之前的现场勘查工作不到位，对设计项目的一手资料掌握不完善，对道路桥梁所在地的周围环境没有全面的了解。

（2）设计过程中由于计算复杂，许多设计师没有足够的耐心对关键的数据进行认真的计算，导致道路桥梁的安全性无法保障。

2.道路桥梁设计过程中的使用寿命问题

在进行道路桥梁设计时存在的关键问题是桥梁的使用寿命问题。道路桥梁工程与其他建筑工程一样具有使用寿命。但是由于设计的不尽合理以及维护问题使得道路桥梁的使用寿命达不到设计要求，造成了巨大的浪费，并严重危害了人们的生命财产安全。因此，在进行道路桥梁设计过程中需要借鉴先进的设计经验，学习国内、外优秀的设计案例，将好的桥梁构造引进到设计当中。在进行桥梁道路的设计过程中还应严格遵循相关的规范、标准和设计原则，全过程、全方位进行认真的设计，确保桥梁道路的安全系数达到要求。

3.道路桥梁设计过程中的滞后性问题

目前，社会上广泛关注道路桥梁设计的滞后性问题。通常情况下，设计时全面考虑桥梁的使用寿命安全性就难以保证桥梁的美观性，过度关注桥梁的外观又很难兼顾桥梁的使用寿命和安全系数。设计的滞后性是目前桥梁设计中存在的关键问题。为了有效解决这一问题就需要认真学习相关的设计理念，并且在设计过程中充分考虑地理环境因素，根据人们的需要、社会的发展以及经济状况设计出既美观又实用的道路桥梁。

（二）道路桥梁设计的解决措施

1. 提高道路桥梁的使用寿命

根据上文对道路桥梁设计过程中存在的问题，笔者对如何提高道路桥梁的使用寿命提出了自己的见解。有效提高道路桥梁的使用寿命可以节约成本，节省国家的资源。

（1）延长道路桥梁的使用寿命

通常情况下，道路桥梁的使用寿命只有 50 年，高速公路上的道路桥梁也在 100 至 150 年。为了延长道路桥梁的使用寿命，在设计过程中就应充分考虑到桥梁的结构形式和组织结构形式等多方面内容，并且在设计过程中遵守安全性和经济性原则，在确保道路桥梁安全性的基础上尽量考虑经济性。除此之外，道路桥梁在投入使用之后要加强维护和保养工作，一旦出现问题应该及早解决，确保道路桥梁在设计寿命内能够安全使用。

（2）选定科学合理的设计方案

在道路桥梁设计过程中应该选择最科学合理的设计方案。应根据道路桥梁所在地的具体情况、桥梁的结构形式以及桥梁的跨度等多方面因素综合考虑选择最佳设计方案。通常情况下，选择最标准的跨径桥梁在施工段上进行施工，这样做既可以节约成本，还能降低施工的难度。为了确保道路桥梁设计的安全性应选择合理的跨径组合。

（3）进行设计方案的创新

为了确保道路桥梁的安全性和使用寿命，应将施工技术充分考虑到设计方案中；确保设计方案在施工过程中的可行性；确保设计所采用的施工工艺以及道路桥梁的类型能够在施工过程中按质完成。设计过程中应该在保证施工技术可以完成的前提下进行设计方案的创新，这样就可以保证道路桥梁工程的施工难度不大，不仅可以实现设计的创新还能保证在合同工期内完成施工，并且做到经济性设计。

2. 道路桥梁设计的调研

道路桥梁设计过程中应充分考虑到通行车辆的最大载重量，并通过限制最大的载重量来降低道路桥梁出现裂缝，进一步提高道路桥梁的使用寿命。

（1）调研内容

众所周知，道路桥梁在投入使用以后难免会出现超载现象，因此，在设计时就应该考虑到这一问题，这就要求在设计之前对超载情况进行认真的调研，避免出现道路桥梁的疲劳现象，防止出现因为长期的超载造成的道路桥梁的损害。

（2）获取数据资料

由于超载所造成的道路桥梁的损害无法修复，严重影响了道路桥梁的安全性和使用寿命。因此，在设计之前应做好充分的调研，对当地的车流量进行统计，获取最准确的数据资料，确保设计出的道路桥梁能够满足最大负载量的要求，确保道路桥梁的安全性。

（三）城市道路整治及改造设计思路

城市道路整治及改造是一项关乎民生的系统工程，整治和改造过程中应该遵循为百姓服务的原则，以方便百姓生活环境为核心，以提高城市道路交通质量为出发点。因此，在进行城市道路的整治及改造过程中应该做到求真务实，不做面子工程，切实解决道路交通问题，让百姓从中受益。

1. 道路整治分类

城市道路整治及改造分为市政工程、环境景观、市容市貌、交通保障及文明施工等内容。

（1）平面改造

城市道路整治及改造和重新建设新道路有很大的差别，这是由于道路周边有许多已经成型的建筑物，很难拆迁。因此，只能保持道路原来的平面线型的走向，在整治改造过程中对现有的平面线型进行拟合评价，对于不能满足整治改造要求的进行适当的调整。

（2）纵断面改造

在进行城市道路的整治改造过程中，进行纵断面的设计时应该对现有的路面标高进行拟合，然后依据多道路周边的建筑物的高程来确定整治改造之后的道路的标高。除此之外，新建的路面的结构路段可以在路面的基层进行纵坡调整，如果是铣刨罩面的路段可以选择在面层铣刨加铺时进行纵坡调整，对纵断面进行改造时应该注意断面的调整，应控制在合理的范围内，不宜过大。对道路交叉口进行竖向设计时应该遵循"先主干道、后次干道、最后支路"以及"先实施为主，后实施为辅"的改造原则。

（3）横断面改造

在进行城市道路的整治改造过程中首先应该制定一个沿线交通路网设计方案，据此制定一个未来的路网设计并进行定位，之后进行道路横断面的重新分配和改造。

2. 工程设计

工程设计包括全线的道路主体改造、交通环境改造、附属工程改造、道路景观改造四个方面。

（1）道路主体改造

包括车行道的病害处理、面层出新；人行道及路牙的出新或新建。

（2）交通环境改造

由一块板改造为四块板结构，并采用人行道与非机动车道共板形式。对交通标志（标识）、交通信号、交通监控等交通设施进行规范统一；对公交站台有条件进行渠化的地方设置港湾式公交站台，方便候车，减小公交车对直行交通的干扰。

（3）附属工程改造

附属工程改造现状架空杆线下地及完善排水设施。做到设施完善，功能齐全，确保道路各部位质量技术良好。

（4）道路景观改造

道路景观改造新增中分带和侧分带。实现"四季常绿，四季花开，四季花香"的效果。

3. 道路桥梁设计与施工

高度重视道路桥梁的设计与施工，才能提高桥梁设计标准，确保桥梁施工质量，不断提升公路交通的建设质量和水平。本文介绍了道路、桥梁设计的基本要求，分析了我国道路桥梁设计存在的问题，提出了提高道路桥梁设计与施工水平的有效对策。

（四）道路桥梁设计与施工的重视

作为公路交通重要组成部分的道路桥梁在工程中的地位十分突出，有些甚至是控制性工程，决定着公路交通建设的质量。因此，必须高度重视道路桥梁的设计与施工，提高桥梁设计标准，确保桥梁施工质量，不断提升公路交通的建设质量和水平。应对道路桥梁的设计与施工进行探讨，以期探讨道路桥梁设计与施工的有效途径与方法，提高设计与施工的效益。

1. 道路、桥梁设计的基本要求

对资源利用是否经济合理、技术先进、尊重实际、实事求是、是否科学，在很大程度上取决于设计的水平和质量。具体而言，在设计中应坚持以下原则：

（1）严格执行国家现行的设计规范和国家批准的技术标准；

（2）尽量采用标准化设计，积极推广应用"可靠性设计方法"、"结构优化设计方法"等现代设计方法；

（3）注意因地制宜、就地取材，节省建设资金。在切实满足建设功能要求的同时，千方百计地节约投资、节约多种资源，缩短建设工期；

（4）积极采用技术上更加先进、经济上更加合理的新结构、新材料。

2. 我国道路桥梁设计存在的问题

众所周知，我国现在的道路桥梁设计理论体系和桥梁工程施工质量的法规、标准都不太完善，还存在着诸多问题，需要我们探讨注意。总之，桥梁结构设计和施工的基本原则是安全、适用和经济三要点，也是我们需要注意的事项部分。

（1）安全性的重视

传统的桥梁结构设计主要是按设计过程强调承载能力和强度结实性设计，而没有考虑到耐久性，桥梁的耐久性是体现桥梁工程的价值。设计只是作为一种概念理论，要真正地关注耐久性，明确提出使用年限要求，并采用规范规定的安全系数或可靠性指标以保证结构的安全性。因此，要对耐久性进行专门的设计。耐久性能很好地加强结构使用性能、桥梁使用寿命的延长。因此，国际桥梁设计上日益重视桥梁的耐久性、安全性、适用性重要目标。

（2）结构耐久性需加强

在桥梁设计领域，首要的是结构设计，其次是结构分析与构件和连接的设计。许多道路桥梁设计工作者往往只局限于规范对结构强度理论上的安全性需要，而忽略了从结构性质、结构材料、结构体系、结构维护、结构耐久性以及桥梁设计。施工到使用整个过程中可能经常会出现的各类人为因素等方面影响桥梁结构的安全性。

比如，有的桥梁结构整体性和延性不足，冗余性小；有的计算图公式和受力路线不明确，造成局部受力过大；有的混凝土强度等级过低、保护层厚度过小、钢筋直径过细、构件截面过薄，这些都削弱了结构耐久性，会严重影响结构的安全性。不少桥梁虽然满足了设计规范的强度要求，仅用了几年就因为耐久性出了问题影响桥梁使用。因此，如何加强结构耐久性是桥梁设计目前重要的课题。在道路桥梁设计时应该综合考虑桥梁结构、材料等因素，采取切实措施加强桥梁结构耐久性设计。

（3）创新能力不足

道路桥梁在建造和使用过程中的安全性也与当地的环境和条件、对象类别、布局和构造等方面的因素相关。所以，一个优秀的桥梁设计人员，应在新观点上、新思想上、新技术上、新材料上对桥梁结构的设计规范提出自己的正确想法，并能拥有正确的丰富设计经验和实践判断能力。因此，除了加强施工质量管理外，要从桥梁设计理念和结构体系以及构造的角度做好耐久性的设计，同时需要研究疲劳和超载对于桥梁结构耐久性的影响。

（五）提高设计与施工水平的有效对策

1. 采用国内、外先进技术

一个优质的道路桥梁工程，离不开优秀桥梁设计人员。所以，桥梁设计单位和人员要有充分的时间去考虑、查勘、了解其道路桥梁工程综合相关的因素，利用科学合理的设计，采用国内外成熟先进技术的设计原则，保证工程质量安全可靠。

2. 严谨科学的态度

设计过程中，还要处理好采用成熟技术与技术创新之间的关系，既不能提倡为创新而冒险，又要在设计中体现创新意识。作为桥梁设计人员，要用科学的眼光和可持续发展的观点看待道路桥梁的安全耐久性问题，提高桥梁结构的使用寿命，要熟悉施工工作，尽量选择施工风险较小、施工质量易于检查、控制的结构和施工方法。对于重大工程和工程关键部分，一定要用严谨科学的态度，全力做好桥梁设计和施工工作。

3. 做好防患设计和施工管理

桥梁的设计人员要把桥梁寿命周期内的综合费用、桥梁的经济性和社会效益作为理念，并运用先进的智能化仪器和计算机辅助手段，进行有效的优化组合、整合分析、仿真设计，并积极借鉴国内外成功经验和做法，在桥梁设计理念、结构体系和加强施工质量管理等多方面做好防患设计和施工管理。

4. 认真勘察施工进度

施工前首先要了解工程概况，加强施工管理，提前做好预防工作，以确保工程顺利开展。

（1）首先要设计适用的标准图纸、有关技术规范和操作规程，看懂设计要求及细部、节点章法，弄清有关技术资料对工程质量的要求；

（2）其次要熟悉施工组织设计及有关技术经济文件对施工顺序、施工方法、技术措施、施工进度及现场施工总平面布置的要求，弄清完成施工任务中的薄弱环节和关键部位；

（3）最后对施工现场进行勘察和了解。只有认真地、有组织地、有步骤地、有规划地把握工程情况，掌握工程施工进度，才能更好地顺利开工并确保施工质量。

5. 提高施工和管理水平，加强施工安全监理

（1）存在问题

现在道路桥梁问题有的是施工周期短，承包价格过低，并层层分包下去，降低成本、偷工减料、以次充好的现象经常发生，结果造成工程质量差，达不到规范和设计标准，对道路桥梁安全性造成严重威胁。

（2）建立自检系统

应建立质量自检系统，加强组织、设备配置和管理。创建工程质量保证体系制度，强化各级领导能力，建立项目工程部质量责任小组，加强质量预控制点，制定事前防范措施。

（3）认真执行监理制度

认真执行工程监理制度，落实安全监理巡查，严格相关要求执行。配备专职质量检查工程师，建立自检、专检相结合的工程质量检查制度。

（4）加强质量安全教育

加强施工人员质量安全思想教育。要职工牢固树立质量第一、安全第一就是效益的思想。制定安全实施规范和实施细则并进行安全培训，使施工人员每人都懂得安全技术规范，确保安全生产。

经济的发展是将交通事业作为支撑，交通建设是其中的重要构成因素。因此，道路桥梁的作用就显得尤为突出。道路桥梁的建设质量水平直接地影响该地区的经济发展。因此，在加快经济建设的同时必须加强对道路桥梁施工质量的掌控，对道路桥梁设计进行严格的把关，有效地提升道路桥梁质量，根据建设地区的实际情况，设计出与该地区高度匹配的道路桥梁，并针对其中存在的不足进行相应的解决。

（六）道路桥梁设计上遵守的原则

在道路桥梁设计时需要坚持以下原则：

（1）严格地执行我国现行的道路桥梁设计标准。

（2）设计要做到与实际相结合，将控制工程造价作为根本目的，达到建设要求的条件之下就地取材，避免劳民伤财，对工程的工期进行密切关注，使其在预计工期内完成。

（3）在工程的设计阶段，达到设计标准化的原则，尽量使用现代设计的方法，例如：可靠性设计方法及结构优化设计等。

（4）对新型的技术及工艺进行使用，使设计更为合理化、科学化、环保化。

二、道路桥梁加固

当今，道路建设不仅取得了很大的成就，同时还推动了我国的经济水平的发展。桥梁作为公路建设的重要组成部分，在日常使用中出现了一些桥梁的病害问题。那么，如何加强桥梁的日常维修与加固，在使用上能够延长桥梁的使用寿命，确保过往行车的安全，使桥梁处于一个很好的使用状态，具有十分重要的意义。

（一）道路桥梁加固的意义

桥梁是道路建设的重要主体，在施工的过程中比较重视施工质量。因而，使养护单位认为它要比公路结实、坚固，不会出现问题，所以就形成了养护单位缺乏对桥梁的早期投入，对桥梁进行维修、养护以及加固。另外，桥梁在经过很长时间的使用之后，由于受气候、超载荷载等因素的影响，加快了损坏的速度，如果此时不及时对桥梁进行维修与加固，桥梁将会减少使用寿命，会有交通事故的产生。

1. 桥梁的常见病害

（1）桥梁的常见病害

1）缺陷问题

桥梁在日常使用中表现的缺陷问题有：根据桥梁结构形式、构件种类、建桥环境、施工质量以及使用情况等不同，在基本构件上缺陷产生的部位、种类和程度也不同。

2）混凝土缺陷

对于混凝土公路桥梁上部结构的基本构件，缺陷通常有混凝土开裂、剥离、断面破损、钢筋外漏及锈蚀、混凝土本身质量不足、异常变形等。其表现为表面裂缝、蜂窝、麻面、空洞、露筋、剥落、游离石灰、缝隙夹层等现象。

对于公路混凝土桥梁，由于某一缺陷日积月累的变化，加上环境影响，有扩大的危险。另外，在混凝土公路桥梁中，缺陷和原因不是一一对应的，不少情况是某一个原因为诱发源，其他则多为促进缺陷发展的原因。

（2）桥梁自身的结构病害

桥梁的另一种病害就是由于受到多种复杂因素的影响而形成桥梁的结构裂缝。

桥梁的结构裂缝具体的种类有：网状裂缝、下缘受拉区的裂缝、腹板竖向裂缝、腹板斜向裂缝、梁侧水平裂缝、梁底纵向裂缝。

2. 桥梁的加固

（1）加固的方法

1）塞缝灌浆

塞缝灌浆是指把配置好的水泥（砂）浆以及环氧树脂（砂）浆，通过喷浆机在一定的压力下灌入结构物的缝隙内。这可以起到填塞裂缝的作用，以及预防钢筋的锈蚀和加强整体结构强度的提高。

2）上部结构加固

它是在根据对旧桥进行调查和经过合理研究的基础上来改建的。通过合理完善的对技术、经济的比较研究，在原来旧桥的基础上进行了加宽，对于超载运输来讲对桥不会造成太大的影响。

（2）桥面铺装层的加固（沥青或水泥混凝土）

在确定铺装层结构厚度下，得知铺装层的模量在影响上要超出铺装层的受力状态。

第一步，将桥梁的原铺装层清除。在这个清除的过程中，对于处理的厚度要特别重视。如果通过机械方式清除的话，那么对于旧桥的预制梁板的构造以及伸缩缝来讲，不要对其损坏，同时还要加强对其的保护等。

第二步，对于旧的桥面要认真地进行清洗。对于刨洗后的旧桥的铺装层要马上运出，那么废旧料一定要用人工对其进行清扫，然后对于旧桥的梁板顶面要选用高压水进行冲洗，达到清洁干燥的目的。

第三步，要重新铺设桥面。在进行水泥混凝土桥面铺装过程中，浇筑后的强度要达到设计要求后方可通车，这时，车辆荷载要小于设计的荷载。若是采用快硬水泥混凝土铺装的话，必须经过试验确定后才可以通车。若采用沥青混凝土桥面铺装的话，要将铺设的混合料全部冷却之后，表面的温度小于50℃的时候，才可通车。如果提前通车的话，需要喷洒冷水降温。在安装完伸缩装置后，预留槽浇筑的混凝土强度必须符合设计的强度才可通车。

由此可见，桥梁的维修与加固的目的是确保桥梁结构的安全、稳定、不受病害的影响。因此，我们要在桥梁使用过程中，及早地对其进行养护，对于出现的一些病害现象要及时地采取维修与加固的措施，这样才能保证延长桥梁的使用寿命，确保过往车辆的安全，减少交通事故的发生。所以说，做好桥梁的维修与加固工作对于公路的建设发展有十分重要的作用。本文只是对桥梁的维修与加固阐述了几点很小的看法，笔者由衷地希望在今后的工作当中，有更多的人士能够参与进来发表自己的观点。

（二）道路桥梁常见问题解析

随着我国社会经济快速的发展，交通量也持续不断加大，这为道路桥梁的工程施工带来了困难和挑战。道路桥梁在外界环境的不断影响下，其质量及使用功能方面会有一定程度的下降，所以在进行道路桥梁工程施工时，不仅要关注前期的方案设计，还要重点估测道路桥梁的损伤状况。

1. 道路桥梁常见的结构病害

（1）桥面铺装层产生裂缝

造成桥面铺装层裂缝的原因主要包括：道路桥梁在施工过程中，当温度变化幅度较大的时候会出现裂缝。如今我国的桥面铺装层大部分是半刚性结构，不仅能将铺装层的强度加大，还能提高压实度。但桥面铺装层会在很大程度上受温度波动的影响，尤其是温差较大的北方地区，出现这种裂缝情况的概率较大。此外，还受到车辆行驶的影响，行驶在道路上的车辆经常会出现急刹车以及超载情况，会对桥面造成挤压和磨损，从而导致裂缝的出现。最后是混凝土的配比出现失误，施工人员对初凝期的锯缝没有掌握准确的时间。

（2）路桥地基沉降不均匀

当路桥地基沉降不均匀的时候，路桥面就会受力不均匀，造成路桥面出现裂缝。而出现这种情况的原因，首先是工程前期没有进行合理的设计和勘探，在施工前设计师应该前往施工现场进行勘察，再设计出合理的图纸；其次是实际施工中操作不规范，可能有偷工减料的情况出现。另外还会受到环境的作用，如果周围的其他工程打桩深挖不规范，会使工程地基不稳固。

（3）梁端头局部破损

这种情况的破损是很难修复的。当梁端头塑封出现变形和损坏情况时，其原因首先为工程前期的设计中存在失误，并没有进行科学的设计，对伸缩量值计算不准确；其次是施工中的操作失误和日后的养护工作不到位，桥梁的结构被破坏，使用年限也会相应减少。

（4）混凝土的碳化

当空气中的 CO_2 与混凝土中的 $Ca(OH)_2$ 发生化学反应时，会形成新的物质 $CaCO_3$，将会造成混凝土碳化，使其 pH 值不断下降，而混凝土里面的钢筋通常不进行防腐工作，很容易被腐蚀，严重时可造成安全事故。

2. 桥梁维修与加固的基本要求

虽然桥梁加固的方法比较多，但如何进行选择，要充分考虑具体的工程，应依照以下的原则：

（1）采用加固方案之前，须先考虑耗费少、功效快、不中断交通、技术上可行、有较好耐久性等方面的要求。

（2）补强加固是通过加大或修复桥梁构件来提高局部或整座桥梁承载能力的措施。因此，桥梁加固工作一般以不更改原结构形式为原则，在兼顾经济性的前提下，只有在较复杂的情况下，才可考虑更改结构形式。

（3）选择桥梁加固方式时，必须考虑旧桥现状、承载能力减弱的程度以及日后交通量，最好参考已经成功完成补强加固的桥梁的施工。

（4）采用扩大或增加桥梁构件断面的方法进行加固前，应考虑增加部分与原有部件的结合效果。

3. 桥梁修复与加固的一般程序

一般桥梁修复与加固工程应遵循如下工作程序：

（1）鉴定结构可靠性。

（2）确定修复与加固方案。

（3）加固设计。

（4）施工组织设计。

（5）修复与加固施工。

（6）组织验收。

鉴定结构可靠性，主要是诊断病害结构的病情。修复与加固方案受到主、客观等多种因素的影响。加固设计主要参照现行规范及有关标准来深化加固方案。修复与加固施工是按加固设计对被加固结构进行加固的施工过程，很多大型结构的加固需要在施工前编制施工组织设计。

桥梁修复与加固工程作为一项复杂的系统工程，需要全面考虑施工全过程，还要选取综合措施充分挖掘桥梁的内部潜力。但是，在桥梁加固过程中，病害诊断出错，或加固方案和设计不周，或施工组织不完整就会造成无法想象的严重后果。

（三）桥梁的维修与加固技术

1. 上部承重结构维修加固的方法

（1）粘贴钢板加固法

粘贴钢板加固法是采用黏结剂和锚栓将钢板粘贴锚固于混凝土结构受拉面或其他薄弱部位，使钢板与加固混凝土结构形成整体，以提高构件的抗弯、抗剪能力，提高原结构的刚度，限制裂缝的开展，改善钢筋与混凝土的应力状态。

当拟提高梁的抗弯强度时，钢板粘贴在梁的底面。此时将钢板和混凝土作为整体考虑，对钢板与混凝土的局部剪切强度进行控制设计。

当拟提高梁的抗剪强度时，钢板可粘贴在构件侧面，并与原构件内抗剪钢筋方向一致。粘贴钢板补强加固的合理设计应控制在钢板发生屈服之前，以保证混凝土不出现剪切破坏。

（2）桥面补强层加固法

桥面补强层加固法是通过在梁顶（桥面）上加铺一层钢筋混凝土层，使其与原有主梁形成整体，从而达到增大主梁有效高度和抗压截面，增加桥面整体刚度，提高桥梁承载能力的一种常用且有效的方法。为了减小补强层增加的恒载，常将原有桥面铺装层凿除，而且能使新老结合良好，共同受力。

（3）增大梁截面积加固法

钢筋混凝土简支梁桥上部结构往往由于原结构或由于施工质量不佳等原因导致在长期运营过程中出现裂缝等现象，从而使结构的承载能力降低，通常采用增大构件截面、增加配筋、提高配筋率的加固方法。这种方法是增大梁底面或侧面的尺寸，增配主筋，提高梁的有效高度和抗弯强度，从而提高桥梁的承载力。该法被广泛用于梁桥及拱桥拱肋的加固。

（4）锚喷混凝土加固法

该法是借助高速喷射机械，将新混凝土混合材料连续地喷射到已锚钢筋网的受喷面上，凝结硬化而形成钢筋混凝土，从而增大桥梁的受力断面，增加补强钢筋，加强结构的整体性，使其能承受更大的外荷载作用。这种锚喷加固法主要用于拱式桥梁，施工工艺简单，而且加固效果好。

2. 桥梁的下部结构维修加固的方法

（1）扩大基础加固法

由于桥梁的基础承担着桥梁的全部自重及桥面上的可变作用，因而桥梁基础的加固成为桥梁加固工程中的重点。对于原基础为扩大基础的桥梁，因基础的病害导致基础承载力不足、基础产生沉降或不均匀沉降、基础产生滑移和倾斜、基础局部掏空或损坏的，可采用扩大桥梁基础底面积的加固方法进行加固，该方法因受力明确、施工简单、造价低廉而在实际加固工程中被广泛采用。

（2）增补桩基加固法

在桩式基础的周围补加钻孔桩或打入钢筋混凝土预制桩，并扩大原承台，以此提高基础承载力、增加基础稳定性，这种方法的优点在于不需要抽水筑坝等水下施工作业。

（3）桥墩套箍加固法

对于桩柱式桥梁，当桥墩由于基础冲刷严重、埋置深度不够、施工质量控制不严等因素导致墩台露筋及破损时，一般可对受损的墩台采用钢筋混凝土套箍进行补强加固。套箍可以沿墩台身或桩身外侧布设，做成圈梁形式。

道路桥梁施工的质量决定道路桥梁后期的使用效果，同时，道路桥梁后期的维修和加固工作也至关重要，这对于延续道路桥梁的使用寿命很有意义。因此，分析道路桥梁维修、加固和施工技术非常重要。

第二章　桩基的施工技术

第一节　预应力管桩施工

一、预应力管桩的制作

预应力混凝土管桩制作工艺有后张法和先张法两种。

后张法的桩径较大（φ800～φ1200），桩身混凝土采用离心-辊压-振动复合工艺成型，每节长4～5m，壁厚12～15cm，在管壁中间预留有15～25个φ130左右的小孔。使用时通过这些预留孔用高强钢绞线将各段管连接起来，并在其后张拉过程中再对这些孔道高压注浆，使之形成一长桩，桩长可达70～80m。宁波北仑港某码头曾用后张法管桩。

先张法预应力管桩工艺。管桩的生产制作工艺包括钢筋笼制作、混凝土制备、布料合模、预应力张拉、离心成型、普通蒸养和蒸压养护6大环节。

先张法预应力管桩是一种空心圆柱形细长构件，主要由圆筒形桩身、端头板和钢套箍组成。

预应力管桩的接头，一般采用端头板电焊连接，端头板厚度一般18～22mm，端板外缘一周留有坡口，供对接时烧焊用。

钢筋笼的制作。通过对预应力钢筋进行高精度切断并镦头后用自动滚焊编削机滚焊成笼。

高强度等级混凝土的制备。水泥采用不低于42.5级的硅酸盐水泥，粗骨料在5～20mm且要求岩石强度在150MPa以上，细骨料砂的细度模数在2.6～3.3，砂石必须筛洗洁净，混凝土水灰比0.3左右，水泥用量500kg/m³左右，砂率控制在32%～36%，掺入高效减水剂，混凝土的坍落度在3～5cm。

布料合模。用带电子计量装置与螺旋输送装置的布料机将混凝土均匀地投入钢模内，保证管节壁厚均匀，布料结束后进行合模。

预应力张拉。用千斤顶张拉并锚定在端头板上。

离心成型。离心过程主要是低速、中速、高速 3 个阶段，离心时间长短与混凝土坍落度、桩直径、离心机转速等有关。在离心过程中离心力将混凝土料挤向模壁，排出多余的空气和多余的水，使其密实度大大提高。一般从管桩外形可看到，管外壁较光滑，而内壁较粗糙。

初级养护与高压蒸养。先张法预应力混凝土管桩采用二次养护工艺。先经初级蒸汽养护，使混凝土达到脱模强度，放张脱模后再到蒸压釜内进行高温高压（最高压力 1.0MPa，最高温度约 180℃）蒸养 10h 左右。

上述工艺生产出的 PHC（高强度混凝土管桩）管桩强度达 C80 以上，且从成型到使用的最短时间只需 3 ~ 4d，而 PC 混凝土管桩有些厂家采用常压蒸汽养护，脱模后再移入水池养护半个月，所以出厂时间要长。

二、预应力管桩的沉桩方法

预应力管桩的施工方法有锤击法沉桩和静力压桩法（顶压法和抱压法）。预应力管桩沉桩过程中要注意土塞效应和挤土效应。

值得注意的是，预应力管桩或预制桩均属于挤土桩，不论采用锤击法施工或静压法施工都应注意打桩挤土问题和挖土凿桩引起的偏位及破损问题。要注意打桩顺序、打桩节奏、打桩速度及每天打桩数和最后打桩贯入度或压桩力的控制及防挤土（如泄压孔、防挤孔）措施的采用。

预应力管桩沉入土中第一节桩称为底桩，端部设十字形、圆锥形或开口型桩尖，前两种属闭口型。十字形桩尖加工容易，造价较低，破岩能力强，其缺点是在穿越砂层时，不如其他两种桩尖。闭口桩尖，桩端力稳定。开口管桩不需桩尖，所以应用较广。桩刚打入土中时，由于管桩开口使土不断涌入管内，形成土塞，土塞长度约为桩长的 1/2 ~ 1/3，因土质而定，但形成稳定土塞后再向下沉桩，管桩就变成实心桩，挤土效应明显。单根管桩在沉桩过程中刚开始时挤土效应少，但随着桩入土深度增加挤土效应就很明显。另外一点值得注意，管桩内土塞效应是使短期单桩承载力增加的主要原因，但假如管桩上段节头内漏水使管桩内充水长期浸泡时，土塞中土体由于桩侧内壁水的作用将降低单桩承载力，所以在打桩施工中应引起重视。

三、锤击沉桩施工

（一）打桩工序

打桩工序为测量、放样桩→打桩机就位→喂桩→对中、调直→锤击法沉桩→接桩→再锤击→打至持力层（送桩）→收锤。

一般情况下，打桩顺序有：逐渐打设、自边沿向中央打设、自中央向边沿打设和分段打设。实际施工中应根据场地地质条件、环境空间、桩位布置、施工进度等情况具体确定合理的打桩顺序，但必须按如下总体原则进行：

（1）对于密集桩群，自中间向两个方向或四周对称施打；

（2）当一侧毗邻建筑物时，由毗邻建筑物处向另一方向施打；

（3）根据基础的设计标高，宜先深后浅；

（4）根据桩的规格，宜先大后小，先长后短。

（二）吊桩

桩机就位后，先将桩锤吊起固定在桩架上，以便进行吊桩。吊桩即利用桩架上的卷扬机将桩吊至垂直状态并送入桩干内。桩就位后，在桩顶放上弹性桩垫，放下桩帽套入桩顶，再在桩帽上放好垫木，降下来锤压住桩帽。在锤重压力作用下，桩会沉入土中一定深度，待下沉停下后，再检查一次桩的垂直度，确保合格后即可开始打桩。

（三）打桩

开始打桩时，桩锤落距宜低，一般为 0.5 ~ 0.8m，以使桩能正常沉入土中。待桩入土一定深度后，桩尖不易产生偏移时，可适当增加落距，并逐渐增加到规定的数值。一般重锤低打可取得良好的打桩效果。

打桩时应观察桩锤的回弹情况，如回弹较大，则说明桩锤太轻，不能使桩下沉，应予以更换。当贯入度骤减，桩锤有较大回弹时，表明桩尖遇到障碍，此时应将锤击的落距减小，加快锤击。如上述情况仍然存在，应停止锤击，研究遇阻的原因并进行处理。打桩过程中，如突然出现桩锤回弹，贯入度突增，锤击时桩弯曲、倾斜、颤动、桩顶破坏加剧等，则桩身可能已经破坏。

（四）接桩形式

管桩一般用焊接连接，管桩连接前应清理接口焊接处混凝土及泥土杂物。调整上下节桩接口间隙，用铁片填实垫牢，结合面之间的间隙不得大于 2mm。上下节桩中心线偏差不得大于 5mm，节点弯曲矢高不得大于 1% 桩长，且不大于 20mm。

焊接时应采取措施，减少焊接变形，沿接口圆周宜对称点焊六点，待上下桩节固定后再拆除导向箍，分层焊接，有焊肉不饱满、夹渣、气孔等缺陷时，须按焊接规程处理至合格。风天焊接要设防风罩，潮湿天气要利用热风机烘干焊接区。宜采用粉芯焊丝自保护半自动焊接法，焊丝使用前应在干燥箱内经 200 ~ 300℃烘干 2h，并存放烘干箱内持续恒温 150℃。每个接头焊接完毕，应冷却 1 ~ 3min 后，方可继续锤击。

（五）打桩记录

认真做好打桩记录，一般为 1m 长设一标志，记录下每下沉 1m 的击数，并作最后 10 击贯入度记录。

（六）停止打桩的标准

当桩端位于一般黏性土或粉质黏土、粉土时，以控制桩端设计标高为主，贯入度可作参考；当桩端位于中等密度以上的砂土层，一般以贯入度控制为主，桩端标高作为参考。对重要建筑物，最好进行试桩，通过试桩的大应变试验，推算桩的极限承载力来决定停打桩的控制贯入度。一般钢筋混凝土预应力管桩的总锤击数不超过 2500 击，最后 10m 限制击数 1000 击左右。

四、静压沉桩施工

静压沉桩是利用静压力将预制桩压入土中的一种沉桩方法，主要用于软土层基础的施工。压桩过程中自动记录压桩力，可以保证桩的承载力并避免锤击过度而使桩身断裂。但压桩设备笨重，效率较低，压桩力有限，单桩垂直承载力较低。

（一）压桩与接桩

压桩一般情况下都采取分段压入、逐渐接长的办法。当下面的一节压到露出地面 0.8 ~ 1.0m 时，接上一节桩。每节桩之间的连接可采用角钢帮焊、法兰盘连接和硫黄胶泥锚固连接等形式。

（二）送桩与截桩

当桩顶接近地面，而沉桩压力距规定值还略有差距时，可以用另一节桩放在桩顶上向下进行压送，使沉桩压力达到要求的数值。当桩顶高出一定距离，而沉桩压力已达到规定值时，则要截桩，以便压桩机移位和后续施工。

五、预应力管桩沉桩施工中的常见问题及注意事项

（一）锤击沉桩中常见问题及其分析处理

1. 桩头破损

除因为桩尖遇到孤石、障碍物外，其原因往往是桩头钢筋设置不合要求、混凝土强度不足、锤击偏心、桩垫厚度不足等。

（1）桩头钢筋设置不合要求：非预应力钢筋混凝土桩的主筋端部与桩顶应留有适当距离，而且每根主要主筋端部到桩顶距离是相等的。桩头处箍筋要加密放置，并增置钢筋网片，否则可能造成桩头在捶打时受力不均、强度不够而引起桩头破损。

（2）混凝土强度不足：桩身混凝土必须达到设计标号才能准予沉桩。如采用蒸汽养护，则出池后应放置一个月左右，达到100%强度后才能使用。在浇捣桩身混凝土时，尤其要注意对两端钢筋密布处的振捣，不能因振捣不密实而引起施打中混凝土提早破损。

（3）锤击偏心：桩顶不平，桩与地面不垂直，桩帽、桩垫位置不正确等原因，都能造成锤击偏心，造成桩顶受力不均而提早破损。

2. 桩身断裂

在打桩过程中，若桩尖没遇到地质勘察中所指明的软层，而贯入度突然增大，同时锤弹跳起后，桩身随之出现回弹现象，这就表明桩身可能已经断裂。其主要原因是桩身在施工中出现较大弯曲，打桩中，桩头处错误地施加了牵引力进行校正，使桩身弯曲，在反复冲击中的集中荷载作用下，超过了桩身的抗弯强度，桩身出现了横向裂缝，并不断扩大最后造成桩身断裂破坏。

另外，接桩一定要保证上下节桩在一条轴线上，不能成为折线。接桩时，桩尖所在位置应避免是硬层或夹砂层，因为停锤接桩，会使扰动的桩周土体得到一定程度的恢复，使本来就难于穿过的中间硬层或夹砂层变得更难穿过，不得不拼命锤击，造成桩头破损或桩身断裂。因此，选配桩节长度时，要结合地质勘察报告进行。

3. 桩顶移动

桩顶位移除了桩位定的不准外，往往由下列原因造成：

（1）第一节桩没有从两个垂直方向校准好垂直度，造成桩身倾斜，以后几节桩往往只能顺着第一节桩的轴线接长，造成桩顶偏位。所以应严格控制第一节桩的垂直度及平面位置，如超过允许偏差，应拔出，采取措施后再重新插入。

（2）桩头不平，桩尖制作歪斜，造成施打过程中桩顶位移。

（3）土层中有较陡的倾斜面，使桩沿斜面滑下。

（4）密集群桩采用了逐排连续打桩的施工流程，使土体挤向一侧，引起桩顶偏移。因此，在软土地基中打密集群桩，一定要组织好施工流程。

4. 挤土隆起和桩身上抬

当大量的预制桩连续沉入土中时，土体压缩，黏性土中孔隙水压力提高，土体被压缩到一定程度后，只能向周围排挤或向上涌起。伴随着土体的隆起，桩也可能被向上涌抬，对密集群桩，应尽可能用挤土效应较小的钢管桩或钢筋混凝土预应力管桩，同时应选用焊接接桩，接缝质量一定要可靠，避免桩身向上涌抬时接头被拉裂。上抬的桩，经过荷载试验一般极限承载力不会减小，但沉降量有所增加，所以打桩流程要尽可能对称，避免建筑物不均匀沉降。

（二）压桩施工注意事项

压桩施工应注意如下事项：

（1）压桩施工前应对现场的土层地质情况了解清楚，同时应做好设备的检查工作，保证使用可靠，以免中途间断压桩。

（2）最终压力值和桩的接头节点处理必须符合设计要求和施工规范。

（3）压桩过程中，应随时保持轴心受压，若有偏移，应及时调整。

（4）接桩时应保持上下节桩的轴线一致，并尽可能地缩短接桩时间。

（5）测量压力等仪器应注意保养，及时报修和定期标定，以减少测量误差。

（6）当压桩阻力超过桩机能力，或由于来不及调整平衡，使桩机发生较大倾斜时，应立即停压并采取安全措施，以免造成断桩或其他事故。

第二节　预制混凝土方桩施工

一、混凝土预制桩的制作

混凝土预制方桩可以在工厂或施工现场预制，现场的主要制作程序如下：

制作场地压实平整→场地铺砌混凝土或三七灰土→支模→绑扎钢筋骨架、安装吊环→灌注混凝土→养护至 30% 强度拆模→支间隔头模板、刷隔离剂、绑钢筋→灌注间隔桩混凝土→同法间隔重叠制作其他各层桩→养护至 70% 强度起吊→达 100% 强度后运输、堆放。混凝土预制桩的制作应符合下列要求。

（一）基本要求

预制桩的制作应根据工程条件（土层分布、持力层埋深）和施工条件（打桩架高度和起吊运输能力）来确定分节长度，避免桩尖接近持力层或桩尖处于硬持力层中时接桩。每根桩的接头数不应超过两个，尽可能采用两段接桩，不应多于 3 段，现场预制方桩单节长度一般不应超过 25m，节长规格一般以 2 ~ 3 个为宜，不宜太多。

（二）场地要求

预制场地必须平整坚实，并有良好的排水条件，在一些新填土或软土地区，必须填碎石或中粗砂并进行夯实，以避免地坪不均匀沉降而造成桩身弯曲。

（三）钢筋骨架的要求

在制作混凝土预制桩的钢筋骨架时，钢筋应严格保证位置的正确，桩尖对准纵轴线。钢筋骨架的主筋应尽量采用整条，尽可能减少接头，如接头不可避免，应采用对焊或电弧焊，或采用钢筋连接器，主筋接头配置在同一截面内的数量不得超过50%（受拉筋）；相邻两根主筋接头截面的距离应大于35d（主筋直径），并不小于500mm，桩顶1m范围内不应有接头。对于每一个接头，要严格保证焊接质量，必须符合钢筋焊接及验收规范。

预制桩桩头一定范围内的箍筋要加密；在桩顶约250mm范围需增设3～4层钢筋网片，主筋不应与桩头预埋件及横向钢筋焊接。桩身纵向钢筋的混凝土保护层厚度一般为30mm。

（四）桩身混凝土的要求

预制方桩桩身混凝土强度等级常采用C35～C40，坍落度为6～10cm。灌注桩身混凝土，应从桩顶开始向桩尖方向连续灌注，混凝土灌注过程中严禁中断，如发生中断，应在前段混凝土凝结之前将余段混凝土灌注完毕。在灌注和振捣混凝土时，应经常观察模板、支撑、预埋件和预留孔洞的情况，发现有变形、位移和漏浆时，应马上停止灌注，并应在已灌注的混凝土凝结前修整完好后才能继续进行灌注。

为了检验混凝土成桩后的质量，应留置与桩身混凝土同一配合比并在相同养护条件下养护的混凝土试块，试块的数量对于每一工作班不得少于一组。

对灌注完毕的桩身混凝土一般应在灌注后12h内，在露出的桩身表面覆盖草袋或麻袋并浇水养护。浇水养护时间，对普通硅酸盐水泥或矿渣硅酸盐水泥拌制的混凝土，不得少于7d；对掺用缓凝型外加剂的混凝土，不得少于14d。浇水次数应能保护混凝土处于润湿状态；混凝土的养护用水应与拌制用水相同。当气温低于5℃时，不得浇水。

（五）桩身质量要求

桩身表面干缩产生的细微裂缝宽度不得超过0.2mm；深度不得超过20mm，裂缝长度不得超过1/2桩宽。在桩表面上的蜂窝、麻面和气孔的深度不超过5mm，且在每个面上所占面积的总和不超过该面面积的0.5%。沿边缘棱角破损的深度不超过5mm，且每10m长的边棱角上只有一处破损，在一根桩上边棱破损总长度不超过500mm。

二、混凝土预制桩的起吊、运输和堆放

（一）桩的起吊

当方桩的混凝土达到设计强度的 70% 时方可起吊。起吊时应采取相应措施，保持平稳，保护桩身质量。现场密排多层重叠法制作的预制方桩，起吊前应将桩与邻桩分离，因为桩与桩之间黏结力较大，分离桩身的工作要仔细，以免桩身受损。

吊点位置和数量应符合设计规定。一般情况下，单节桩长在 17m 以内可采用两点吊，18 ~ 30m 的可采用三点吊，30m 以上的应用四点吊。当吊点少于或等于 3 个时，其位置应按正负弯矩相等的原则计算确定，当吊点多于 3 个时，其位置应按反力相等的原则计算确定。

（二）桩的运输和堆放

预制桩运输时的强度应达到设计强度的 100%。

运输时，桩的支承点应按设计吊钩位置或接近设计吊钩位置叠放平稳并垫实，支撑或绑扎牢固，以防止运输中晃动或滑落；采用单点吊的短桩，运输时也应按两点吊的要求设置两个支承。

预制桩在堆放时，要求场地平整坚实，排水良好，使桩堆放后不会因为场地沉陷而损伤桩身。桩应按规格、长度、使用的顺序分层叠置，堆放层数不应超过 4 层。桩下垫木宜设置两道，支承点的位置就在两点吊的吊点处并保持在同一横断面上，同层的两道垫木应保持在同一水平上。

从现场堆放点或现场制桩点将预制方桩运到打桩机前方的工作一般由履带吊机或汽车吊机来完成。现场预制的桩应尽量采用即打即取的方法，尽可能减少二次搬运。预制点若离打桩点较近且桩长小于 18m 的桩，可用吊机进行中转吊运，运输时桩身应保持水平，应有人扶住或用溜绳系住桩的一端，以防止桩身碰撞打桩架。

三、混凝土预制桩的接桩

当桩长度较大时，受运输条件和打（压）桩架高度限制，一般应分节制作，分节打（压）入，在现场接桩。接桩形式主要有焊接接头、法兰连接接头和机械快速接头（螺纹式、齿扣式）3 种，而常用的是焊接接头。

对于焊接接桩，钢板宜用低碳钢，焊条宜用 E43，并应符合《建筑钢结构焊接技术规程》要求；对于法兰接桩，钢板和螺栓宜采用低碳钢。

（一）焊接接桩

采用焊接接桩除应符合现行《建筑钢结构焊接技术规程》的有关规定外，尚应符合下列规定：

（1）下节桩段的桩头宜高出地面 0.5m。

（2）下节桩的桩头处宜设导向箍以方便上节桩就位。接桩时上下节桩段应保持顺直，错位偏差不宜大于 2mm。接桩就位纠偏时，不得用大锤横向敲打。

（3）桩对接前，上下端板表面应用铁刷子清刷干净，坡口处应刷至露出金属光泽。

（4）焊接宜在桩四周对称地进行，待上下桩节固定后拆除导向箍再分层施焊；焊接层数不得少于两层，第一层焊完后必须把焊渣清理干净，方可进行第二层施焊，焊缝应连续、饱满。管桩第一层焊缝宜使用直径不大于 3.2mm 的焊条。

（5）焊好后的桩接头应自然冷却后才可继续锤击，自然冷却时间不宜少于 8min；严禁用水冷却或焊好即施打。

（6）雨天焊接时，应采取可靠的防雨措施。

（7）焊接接头的质量检查宜采用探伤检测，对于同一工程探伤抽样检验不得少于 3 个接头。

（二）机械快速螺纹接桩

采用机械快速螺纹接桩，应符合下列规定：

（1）接桩前应检查桩两端制作的尺寸偏差及连接件，无受损后方可起吊施工，其下节桩端宜高出地面 0.8m。

（2）接桩时，卸下上下节桩两端头的保护装置后，应清理接头残物，涂上润滑脂。

（3）应采用专用接头锥度对中，对准上下节桩进行旋紧连接。

（4）可采用专用链条式扳手进行旋紧（臂长 1m，卡紧后人工旋紧再用铁锤敲击扳臂）。

锁紧后两端板尚应有 1 ~ 2mm 的间隙。

（三）机械啮合接头接桩

采用机械啮合接头接桩，应符合下列规定：

（1）将上下接头钣清理干净，用扳手将已涂抹沥青涂料的连接销逐根旋入上节桩 I 型端头钣的螺栓孔内，并用钢模板调整好连接销的方位。

（2）剔除下节桩 II 型端头钣连接槽内泡沫塑料保护块，在连接槽内注入沥青涂料，并在端头钣面周边抹上宽度 20mm、厚度 3mm 的沥青涂料；若地基土、地下水含中等以上腐蚀介质，桩端板面应满涂沥青涂料。

（3）将上节桩吊起，使连接销与Ⅱ型端头钣上各连接口对准，随即将连接销插入连接槽内。

（4）加压使上下节桩的桩头钣接触，接桩完成。

四、混凝土预制桩的沉桩

混凝土预制桩的打（压）桩方法较多，主要有锤击法沉桩和静力压桩法，其施工方法、施工流程及施工要求在前面预应力管桩中已经详细进行了介绍。

除了锤击法沉桩和静力压桩法沉桩外，还有一些特殊的方法，如振动法沉桩、射水法沉桩、植桩法沉桩、斜桩法沉桩等。

五、混凝土预制桩施工中的常见问题及注意事项

在预制桩施工过程中，常会发生一些问题，如桩顶碎裂、桩身断裂、桩顶偏位或上升涌起、桩身倾斜、沉桩达不到设计控制要求以及桩急剧下沉等，当发生这些问题时，应综合分析其原因，并提出合理的解决方法，表2-3为预制桩施工中常见的问题及解决方法。

第三节　钢桩与钻孔灌注桩的施工

一、钢桩施工

钢桩基础通常指钢管桩、H形钢桩及其他异型钢桩，较之其他桩型有以下特点：

（1）由于钢材强度高，能承受强大的冲击力，穿透硬土层的性能好，能有效地打入坚硬的地层，获得较高的承载能力，有利于建筑物的沉降控制。

（2）能承受较大的水平力。

（3）桩长可以任意调节，特别是当持力层深度起伏较大时，接桩、截桩及调整桩的长度都比较容易。

（4）重量轻，刚性好，装卸运输方便。

（5）桩顶端与上部承台、板结构连接简单。

（6）钢桩截面小，打桩挤土量小，对土壤扰动小，对邻近建筑物的影响也较小。

（7）在干湿度经常变化的环境，钢桩须采取防腐措施。

钢桩一般适用于码头、水中结构的高桩承台、桥梁基础、超高层公共与住宅建筑桩基、特重型工业厂房等基础工程。

（一）钢桩的制作

制作钢桩的材料应符合设计要求，并有出厂合格证和试验报告。钢桩制作的允许偏差应符合《建筑桩基技术规范》（JGJ94—2008）的规定。

（二）钢桩的焊接

焊接是钢桩施工中的关键工序，应符合下列规定：

（1）必须清除桩端部的浮锈、油污等脏物，并保持干燥，下节桩顶经锤击后变形的部分应割除。

（2）上下节桩焊接时应校正垂直度，对口的间隙宜为 2 ~ 3mm。

（3）焊接应对称进行。

（4）应采用多层焊，钢管桩各层焊缝的接头应错开，焊渣应清除。

（5）当气温低于 0℃或雨雪天及无可靠措施确保焊接质量时，不得焊接。

（6）焊接质量应符合《钢结构工程施工质量验收规范》和《建筑钢结构焊接规程》。还应按接头总数的 5%进行超声或 2%进行 X 射线拍片检查，对于同一工程，探伤抽样检验不得少于 3 个接头。

（三）钢桩的运输和堆放

《建筑桩基技术规范》（JGJ94—2008）对钢桩的运输和堆放做出如下规定：

（1）堆存场地应平整、坚实、排水通畅。

（2）桩的两端应有适当保护措施，钢管桩应设保护圈。

（3）搬运时应防止桩体撞击而造成桩端、桩体损坏或弯曲。

（4）钢桩应按规格、材质分别堆放。堆放层数：直径 900mm 的钢桩，不宜大于 3 层；直径 600mm 的钢桩，不宜大于 4 层；直径 400mm 的钢桩，不宜大于 5 层；H 形钢桩不宜大于 6 层。支点设置应合理。钢桩的两侧应采用木楔塞住。

（四）钢桩的沉桩

钢桩沉桩方法较多，应结合工程场地具体地质条件、设备情况和环境条件、工期要求等选定打桩方法。目前常用的是冲击法和振动法，但由于对噪声和振动的限制，目前采用压入法和挖掘法的工程逐渐增多。

沉桩法的施工工序为：桩机安装→桩机移动就位→吊桩→插桩→锤击下沉、接桩→锤击至设计标高→内切割桩管→精割、盖帽。

沉桩常遇问题的分析及处理。见表 2-3 中预制桩施工中常见的问题及解决方法。

二、钻孔灌注桩的施工

（一）施工准备

灌注桩施工前必须做好场地地质、周边管线及地下构筑物等的调查和资料收集工作。同时根据设计桩型、钻孔深度、土层情况综合确定钻孔机具及施工工艺，对人、机、料进行合理配置，编制切实可行的施工组织设计以便指导施工。特别强调以下几点：

（1）设备选型是关键：基本的成桩工艺及流程与成桩设备直接相关，同时也关系到设计灌注桩能否实现和工程施工进度。

（2）定位放线是极重要的技术工作：是控制工程质量的第一个特殊工序，应严格按相关程序进行检查、交接和验收，确保准确无误。

（3）成桩设备的进场检查和验收是重要环节，关系施工安全。

（二）一般规定

目前，较为常见的灌注桩桩型主要有正、反循环钻孔灌注桩，旋挖成孔灌注桩，冲孔灌注桩，长螺旋钻孔压灌桩，干作业钻、挖孔桩以及沉管灌注桩。

一般情况下，泥浆护壁类的灌注桩，如正、反循环钻孔灌注桩，旋挖成孔灌注桩，冲击成孔灌注桩地层适应性强，可用于黏性土、粉土、砂土、填土、碎石土及风化岩层，地下水位高低对其成孔影响不大。成孔直径一般大于800mm，为大直径桩的主流桩型；其缺点是现场作业环境差、泥浆污染大，尤其是正、反循环钻孔灌注桩这种动态泥浆护壁成孔方式。

旋挖成孔灌注桩采用的是静态泥浆护壁方式，不需要地面循环沟等设施，泥浆排放可得到一定控制。相对污染较小，场地作业面整洁。同时，旋挖成孔效率较高，尤其在城市建筑中正逐步取代以前较为常用的正、反循环钻孔灌注桩。但对于一些特大桩径（≥2000mm）或超长桩（≥60m）泵式反循环钻孔灌注桩仍有一定的优势。

干作业钻、挖孔灌注桩宜用于地下水下的黏性土、粉土、填土、中等密实以上的砂土、风化岩层。

沉管灌注桩宜用于黏性土、粉土和砂土；夯扩桩宜用于桩端持力层为埋深不超过20m的中、低压缩性黏性土、粉土、砂土和碎石类土。

长螺旋钻孔压灌桩以其成孔速度快、无噪声、无振动、污染小的优势目前已在工程上广为应用。

（三）泥浆护壁成孔灌注桩

一般地基的深层钻进，都会遇到地下水问题和孔壁缩扩颈问题。泥浆护壁成孔灌注桩是采用孔内泥浆循环保护孔壁的湿作业成孔灌注桩，能够解决施工中地下水带来的孔壁塌落、钻具磨损发热及沉渣问题。

1. 泥浆护壁成孔灌注桩施工流程

泥浆护壁成孔可用多种形式的钻机钻进成孔。在钻进过程中，为防止塌孔，应在孔内注入黏土或膨润土和水拌和的泥浆，同时利用钻削下来的黏性土与水混合制造泥浆保护孔壁。这种护壁泥浆与钻孔的土屑混合，边钻边排出孔内相对密度、稠度较大泥浆，同时向孔内补入相对密度、稠度较小泥浆，从而排出土屑。当钻孔达到规定深度后，清除孔底泥渣，然后安放钢筋笼，在泥浆下灌注混凝土成桩。

2. 泥浆的制备与处理

《建筑桩基技术规范》（JGJ94—2008）规定：除能自行造浆的黏性土地层外，均应制备泥浆。泥浆的制备通常在挖孔前搅拌好，钻孔时输入孔内；有时也采用向孔内输入清水，一边钻孔，一边使清水与钻削下来的泥土拌和形成泥浆。泥浆应尽可能使用当地材料，但泥浆循环池制作中必须要有排渣池→沉淀池→过筛池→钻孔循环过程。

3. 泥浆护壁的规定

（1）施工期间护筒内的泥浆面应高出地下水位 1.0m 以上，在受水位涨落影响时，泥浆面应高出最高水位 1.5m 以上，在水中桩基施工时，泥浆面应高出河流最高水位 1.5 ~ 2m。

（2）在清孔过程中，应不断置换泥浆，直至浇筑水下混凝土。

（3）浇筑混凝土前，孔底 500mm 以内的泥浆比重应小于 1.25;含砂率不大于 8%;黏度不大于 28Pa·s。

（4）在容易产生泥浆渗漏的土层中，应采取维持孔壁稳定的措施。

（5）废弃的泥浆、渣应按环境保护的有关规定处理。

4. 护筒的设置

在孔口设置护筒是一项保证质量的重要施工措施，护筒的作用及设置规定如下：

（1）护筒的作用是固定钻孔位置，保护孔口，提高孔内水位，防止地面水流入，增加孔内静水压力以维护孔壁稳定，并兼做钻进向导。

（2）护筒一般用 4 ~ 8mm 钢板制成，水上桩基施工时应根据护筒长度增加钢板的厚度，其内径应大于钻头直径，当用回转钻时，宜大于 100mm;当用冲击钻和潜水电钻时，宜大于 200mm，在护筒上部开设 1 ~ 2 个溢浆孔。

（3）护筒埋设深度根据土质和地下水位而定，在黏性土中不宜小于 1.0m，在砂土中不宜小于 1.5m，其高度尚应满足孔内泥浆面高度的要求。

（4）埋设护筒时，在桩位打入或挖坑埋入，一般宜高出地面 300～400mm，或高出地下水位 1.5m 以上使孔内泥浆面高于孔外水位或地面，在水上施工时，护筒顶面的标高应满足在施工最高水位时泥浆面高度要求，并使孔内水头经常稳定以利护壁。

（5）护筒埋设应准确、稳定，护筒中心与桩位中心的偏差不得大于 50mm；护筒的垂直度，尤其是水上施工的长护筒更为重要。

（四）干作业成孔灌注桩

干作业成孔灌注桩系指不用泥浆或套管护壁的情况下，用人工或机械钻具钻出桩孔，然后在桩孔中放入钢筋笼，再灌注混凝土的成桩工艺。干作业成孔灌注具有施工振动小噪声低、环境污染少的优点。干作业成孔灌注桩分为钻孔（扩底）灌注桩、螺旋钻成孔灌注桩和柱锤冲击成孔灌注桩。

1. 钻孔（扩底）灌注桩施工

钻孔扩底灌注桩工法是把按等直径钻孔方法形成的桩孔钻进到预定的深度，换上扩孔钻头后，撑开钻头的扩孔刀刃使之旋转切削地层扩大孔底，成孔后放入钢筋笼，灌注混凝土形成扩底桩以获得较大承载能力的施工方法。

（1）选择扩底部持力层的要求

在选择此类钻扩桩的扩底部持力层时，一般要求在有效桩长范围内，没有地下水或上层滞水，土层应不塌落、不缩径、孔壁应当保持直立，扩底部与桩根底部应置于中密以上的黏性土、粉土或砂土层上，持力层应有一定厚度，且水平方向分布均匀。

但干作业钻孔（扩底）灌注桩不可避免地在桩端会留有一定厚度的虚土，一般在 100～500mm。根据地层及地下水情况有所不同，因此，适应范围和区域受到一定的限制。

由于一定程度的桩端虚土（≤500mm 厚）对挡土桩发挥正常使用功能的影响不大，干作业钻孔灌注桩被更为广泛地使用于挡土支护领域。

（2）混凝土灌注

灌注混凝土时，为避免混凝土直接冲砸孔壁，应通过溜槽或串筒导管等把混凝土输入孔底，串筒末端离孔底高度不宜大于 2m，并由专人在操作面使用高频率、大口径插入式振捣棒分层均匀捣实。混凝土的坍落度应掌握在 100～150mm 为宜。混凝土应从桩底到桩顶面一次性浇灌完成。

2. 螺旋钻成孔灌注桩

（1）施工工序

螺旋钻孔机成桩的施工工序是：桩机就位→取土成孔→清孔并检查成孔质量→安放钢筋笼或插筋→放置护孔漏斗→灌注混凝土成桩。

由螺旋钻头切削土体，切下的土随钻头旋转并沿螺旋叶片上升而排出孔外。当螺旋钻机钻至设计标高时，在原位空转清土，停钻后提出钻杆弃土，钻出的土应及时清除，不可堆在孔口。钢筋骨架绑好后，一次整体吊入孔内。如过长亦可分段吊，两段焊接后再徐徐沉放在孔内。钢筋笼吊放完毕，应及时灌注混凝土，灌注时应分层捣实。

（2）螺旋钻成孔灌注桩的特点及适用范围

螺旋钻成孔灌注桩的特点是：成孔不用泥浆或套管护壁；施工无噪声、无振动、对环境影响较小；设备简单，操作方便，施工速度快；由于干作业成孔，混凝土灌注质量易于控制。其缺点是孔底虚土不易清除干净，影响桩的承载力，成桩沉降较大，另外由于钻具回旋阻力较大，对地层的适应性有一定的条件限制。

这种成孔方法主要适用于黏性土、粉土、砂土、填土和粒径不大的砾砂层，也可用于非均质含碎砖、混凝土块、条石的杂填土及大卵砾石层。

（五）冲击成孔灌注桩的施工

冲击成孔灌注桩是利用冲击式钻机或卷扬机把带钻刃的、有较大质量的冲击钻头（又称冲锤）提高，靠自由下落的冲击力来削切岩层或冲挤土层，部分碎渣和泥浆挤入孔壁中，大部分成为泥渣。并利用专门的捞渣工具掏土成孔，最后灌注混凝土成桩。

1. 冲击成孔灌注桩施工工艺

冲击成孔灌注桩设备简单、操作方便，所成孔坚实、稳定、坍孔少，不受场地限制，无噪声和振动影响，因此，应用广泛。在黏土、粉土、填土、淤泥中成孔较高，而且特别适用于含有孤石的砂砾石层、漂石层、坚硬土层及岩层。桩孔直径一般为60 ~ 150cm，最大可达250cm;孔深最大可超过100m。冲击桩单桩成孔时间相对稍长，混凝土充盈系数相对较大，可达1.2 ~ 1.5。但由于冲击桩架小，一个场地可同时容纳多台冲击桩基施工，所以群桩施工速度一般。其最大优点是可在硬质岩层中成孔。

冲击成孔灌注桩施工工艺流程是：设置护筒→钻机就位、孔位校正→冲击成孔、泥浆循环→清孔换浆→终孔验收→下钢筋笼和导管→二次清孔→灌注混凝土成桩。

2. 冲击成孔灌注桩施工机械与操作规程

（1）施工机械

冲击成孔灌注桩的设备由钻机、钻头、转向装置和打捞装置等构成。钻头有一字形、十字形、工字形、圆形等，常用钻头为十字形，其重量应根据具体施工条件确定。

掏渣筒的主要作用是捞取被冲击钻头破碎后的孔内钻渣。它主要由提梁、管体、阀门和管靴等组成。

阀门有多种形式，常用的有碗形活门、单向活门和双扇活门等。

（2）施工要点

根据《建筑桩基技术规范》（JGJ94—2008），冲击成孔灌注桩的施工应符合下列要求。

1）埋设护筒：冲孔桩的孔口应设备护筒，其内径应大于钻头直径200mm，其余规定与正、反循环钻孔灌注桩要求相同。

2）安装冲击钻机：在钻头锥顶和提升钢丝绳之间设置保证钻头自动转向的装置，以免产生梅花孔。

3）冲击钻进

开孔时，应低锤密击，如表层土为淤泥、细砂等软弱土层，可加黏土块夹小片石反复冲击孔壁，孔内泥浆应保持稳定。

进入基岩后，应低锤冲击或间断冲击，如发现偏孔应立即回填片石至偏孔上方300～500mm处，然后重新冲击。

遇到孤石时，可预爆或用高低冲程交替冲击，将其击碎或挤入孔壁。

应采取有效的技术措施，防止扰动孔壁造成塌孔、扩孔、卡钻和掉钻及泥浆流失等。

每钻进4～5m深度应验孔一次，在更换钻头前或容易缩孔处，均应验孔。

进入基岩后，每钻进100～500mm应清孔取样一次（非桩端持力层为300～500mm，桩端持力层为100～300mm），以备终孔验收。

冲孔中遇到斜孔、弯孔、梅花孔、塌孔、护筒周围冒浆时，应立即停钻，查明原因，采取措施后继续施工。

大直径桩孔可分级成孔，第一级成孔直径为设计桩径的0.6～0.8倍。

4）捞渣：开孔钻进，孔深小于4m时，不宜捞渣，应尽量使钻渣挤入孔壁。排渣可用泥浆循环或抽渣筒等方法，如采用抽渣筒排渣，应及时补给泥浆，保证孔内水位高于地下水位1.5m。

5）清孔：不宜坍孔的桩孔，可用空气吸泥清除；稳定性差的孔壁应用泥浆循环或抽渣筒排渣。清孔后，在灌注混凝土之前泥浆的密度及液面高度应符合规范的有关规定，孔底沉渣厚度也应符合规范规定。

6）清孔后应立即放入钢筋笼和导管，并固定在孔口钢护筒上，使其在灌注混凝土中不向上浮和不向下沉。当钢筋笼下完并检查无误后应立即灌注混凝土，间隔不可超过4h。

第四节　人工挖孔桩的施工

人工挖孔灌注桩是用人工挖土成孔，然后安放钢筋笼，灌注混凝土成桩。这类桩具有承载能力高、造价低廉等优点，适宜的地层是黄土、无地下水或地下水较少的黏性土粉土，含少量砂、砂卵石的黏性土层，也可应用于膨胀土、冻土及密实程度较好的人工填土、砂卵石。在地质情况复杂、地下水位高以及孔中缺氧或有毒气发生的土层中不宜采用。

一、人工挖孔桩施工的主要施工机具

（1）起吊机具：小卷扬机或电动葫芦、提升架等，用于材料和弃土的垂直运输及施工人员上下。

（2）护壁钢模板（或波纹模板）、砖等。

（3）排水机具：潜水泵用于抽出桩孔中的积水。

（4）鼓风机和送风管、向桩孔强制送入新鲜空气

（5）挖土工具：镐、锹、土筐等。若遇到硬土或岩石还需风镐、空压机、爆破器材等。

（6）混凝土拌制、振捣机具：混凝土拌和站（拌和机）、振捣棒。

（7）应急软爬梯、简易防护棚，防止提升弃土时落下伤人。

二、人工挖孔桩的施工工艺

人工挖孔桩施工最大的隐患是孔壁土体坍塌和上部掉下的异物伤人。为确保安全施工，必须认真制订孔内防止土体坍落的支护措施和防止上部异物掉入孔底伤人的措施，如采用现浇混凝土护壁、喷射混凝土护壁、波纹钢模板护壁、砌砖圈护壁等，应采取孔底设置局部挡棚防止异物掉入伤人等技术措施。

（一）放线定位

按设计图纸放线、定桩位。

（二）开挖土方

采取分段开挖，每段高度决定于土壁保持直立不坍塌状态的能力，一般以0.8～1.0m为一施工段。挖土由人工从上到下逐段用镐、锹进行，遇坚硬土层用锤、钎破碎。同一段内挖土次序为先中间后周边。扩底部分采取先挖桩身圆柱体，再按扩

底尺寸从上到下削土修成扩底形。

弃土装入活底吊桶或箩筐内，垂直运输时则在孔口安支架，用 10 ～ 20kN 慢速卷扬机提升。桩孔较浅时，也可用木吊架或木辘轳用粗麻绳提升。吊至地面上后用机动翻斗车或手推车运出。

在地下水以下施工时，应及时用吊桶将泥水吊出。如遇大量渗水，则在孔底一侧挖集水坑，用高扬程潜水泵排出桩孔外。

（三）测量控制

桩位轴线采取在地面设十字控制网、基准点。安装提升设备时，使吊桶的钢丝绳中心与桩孔中心线一致，以做挖土时粗略控制中心线使用。

（四）支设护壁模板

通常在孔内采用现浇混凝土护壁、钢模板或波纹模板、喷射混凝土护壁等。土质稳定、渗水量少的土层也可采用预制混凝土井圈、砖砌井圈等。模板高度取决于开挖土方施工段的高度，一般为 1m，由 4 块或 8 块活动钢模板组合而成。

护壁支模中心线控制，将桩控制轴线、高程引到第一节混凝土护壁上，每节以十字线对中，吊线锤控制中心点位置，用尺杆找圆周，然后由基准点测量孔深。

（五）设置操作平台

在模板顶放置操作平台，平台可用角钢和钢板制成半圆形，两个合起来即为一个整圆，用于临时放置混凝土拌和料和灌注扶壁混凝土使用。

（六）灌注护壁混凝土

护壁混凝土要注意捣实，因它起着护壁与防水双重作用，上下护壁间搭接 50 ～ 75mm。护壁分为外齿式和内齿式两种。外齿式的优点：作为施工用的衬体，抗塌孔的作用更好；便于人工用钢钎等捣实混凝土；增大桩侧摩阻力，护壁通常为素混凝土，但当桩径、桩长较大，或土质较差、有渗水时应在护壁中配筋。上下护壁的主筋应搭接。

分段现浇混凝土护壁厚度，一般由地下最深段护壁所承受的土压力及地下水的侧压力确定，地面上施工堆载产生的侧压力影响可不计。

（七）拆除模板继续下一段的施工

当护壁混凝土达到一定强度（按承受土的侧向压力计算）后便可拆除模板，一般在常温情况下约过 24h 后便可以拆除模板。模板拆除后，再开挖下一段土方，然后继续支模灌注护壁混凝土，如此循环，直至挖到设计要求的深度。

（八）钢筋笼沉放

钢筋笼就位，对质量在 1000kg 以内的小型钢筋笼，可用带有小卷扬机的活动三支木搭的小型吊运机具，或用汽车吊吊放入孔内就位。对直径、长度、质量大的钢筋笼，可用履带吊或大型汽车吊进行吊放。

（九）排除孔底积水，灌注桩身混凝土

在灌注混凝土前，应先放置钢筋笼，并再次测量孔内虚土厚度，超过要求应进行清理。混凝土坍落度为 8 ~ 10cm。

混凝土灌注可用吊车吊混凝土，或用翻斗车，或用手推车运输向桩孔内灌注。混凝土下料用串桶，深桩孔用混凝土导管。混凝土要垂直灌入桩孔内，避免混凝土斜向冲击孔壁，造成塌孔（对无混凝土护壁桩孔的情况）。

混凝土应连续分层灌注，每层灌注高度不得超过 1.5m。对于直径较小的挖孔桩，距地面 6m 以上可利用混凝土的大坍落度（掺粉煤灰或减水剂）和下冲力使之密实；6m 以内的混凝土应分层振捣密实。对于直径较大的挖孔桩应分层捣实，第一次灌注到扩底部位的顶面，随即振捣密实；再分层灌注桩身，分层捣实，直至桩顶。当混凝土灌注量大时，可用混凝土泵车和布料杆。在初凝前抹压平整，以避免出现塑性收缩裂缝或环向干缩裂缝。表面浮浆层应凿除，使之与上部承台或底板连接良好。

三、人工挖孔桩施工注意要点

《建筑桩基技术规范》（JGJ94—2008）规定，人工挖孔桩施工应采取下列安全措施。

（1）孔内必须设置应急软爬梯；供人员上下井使用的电葫芦、吊笼等应安全可靠，并配有自动卡紧保险装置，不得使用麻绳和尼龙绳吊挂或脚踏井壁凸缘上下。电葫芦宜用按钮式开关，使用前必须检验其安全起吊能力。

（2）每日开工前必须检测井下是否有有毒、有害气体，并应有足够的安全防范措施。

桩孔开挖深度超过 10m 时，应有专门向井下送风的设备，风量不宜少于 25L/s。

（3）孔口四周必须设置护栏，护栏高度一般为 0.8m。

（4）挖出的土石方应及时运离孔口，不得堆放在孔口四周 1m 范围内，机动车辆的通行不得对井壁的安全造成影响。

四、人工挖孔桩施工常见问题及处理对策

在人工挖孔桩的施工过程中，常会发生一些问题，如桩头混凝土强度不足、桩身缩颈、扩颈、桩身断桩或夹泥、桩端沉渣厚等，当发生这些问题时，应综合分析其原因，并提出合理的解决方法。

第三章 路基施工技术

第一节 一般路基施工

一、土质路基施工

土质路基施工分为土质路堤施工与土质路堑施工。

（一）土质路堤施工

1. 填料要求

含草皮、生活垃圾、树根、腐殖质的土严禁作为填料。泥炭、淤泥、冻土、强膨胀土、有机质土及易溶盐超过允许含量的土，不得直接用于填筑路基，确需使用时，必须采取技术措施进行处理，经检验满足设计要求后方可使用。液限（即土的流动状态与可塑状态间的界限含水率）大于50%、塑性指数（即液限与塑限的差值）大于26、含水量不适宜直接压实的细粒土，不得直接作为路堤填料；需要使用时，必须采取技术措施进行处理，经检验满足设计要求后方可使用。粉质土不宜直接填筑于路床，不得直接填筑于冰冻地区的路床及浸水部分的路堤。

2. 填筑取土

路基填方取土，应根据设计要求，结合路基排水和当地土地规划、环境保护要求进行，不得任意挖取。施工取土应不占或少占良田，尽量利用荒坡、荒地，取土深度应结合地下水等因素考虑，利于复耕。原地面耕植土应先集中存放，以利再用。地面横向坡度大于10%时，取土坑应设在路堤上侧。桥头两侧不宜设置取土坑。取土坑与路基之间的距离，应满足路基边坡稳定的要求。取土坑与路基坡脚之间的护坡道应平整、密实，表面设1%~2%向外倾斜的横坡。取土坑兼作排水沟时，其底面宜高出附近水域的常水位或与永久排水系统及桥涵出水口的标高相适应。线外取土坑等与排水沟、鱼塘、水库等蓄水（排洪）设施连接时，应采取防冲刷、防污染的措施。对取土造成的裸露面，应采取整治或防护措施。

3. 土质路堤基底处理

二级及二级以上公路路堤基底的压实度（压实度指筑路材料压实后的干密度与标准最大干密度之比，以百分比表示）应不小于 92%；三、四级公路应不小于 90%。路基填土高度小于路面和路床总厚度时，基底应按设计要求处理。原地面有坑、洞、穴等情况的，应在清除沉积物后，用合格填料分层回填，分层压实，其压实度要求同路堤基底。陡坡地段、土石混合地基、填挖界面、高填方地基等都应按设计要求进行处理。地基为耕地、土质松散、水稻田、湖塘、软土、高液限土等时，应按设计要求进行处理，局部松软的部分也应采取有效的处理措施。地下水位较高时，应按设计要求进行处理。施工中应对地下水情况进行记录并及时反馈。泉眼或露头地下水，应按设计要求采取有效导排措施后方可填筑路堤。

4. 土质路堤填筑施工

性质不同的填料，应水平分层、分段填筑，分层压实。同一水平层路基的全宽应采用同一种填料，不得混合填筑。填筑路床顶最后一层时，压实后的厚度应不小于 100 mm。对潮湿或冻融敏感性小的填料应填筑在路基上层。强度较小的填料应填筑在下层。在有地下水的路段或临水路基范围内，宜填筑透水性好的填料。路堤施工中，各施工作业层面应设 2% ~ 4% 的双向排水横坡，层面上不得有积水，并采取相应的防水措施，防止水流冲刷边坡。不得在透水性较好的填料所填筑的路堤边坡上覆盖透水性不好的填料。每种填料的松铺厚度应通过试验确定。每一填筑层压实后的宽度不得小于设计宽度。路堤填筑时，应从最低处起分层填筑，逐层压实。填方分几个作业段施工时，接头部位如不能交替填筑，则先填路段，应按 1 ：1 坡度分层留台阶；如能交替填筑，则应分层相互交替搭接，搭接长度不小于 2 m。

选择施工机械，应考虑工程特点、土石种类及数量、地形、填挖高度、运距、气候条件、工期等因素，经济合理地确定。填方压实应配备专用碾压机具。

（二）土质路堑施工

1. 开挖要求

土质路基开挖前，应先根据地面坡度、开挖断面、纵向长度及出土方向等因素，结合土方调配，确定安全、经济的开挖方案。施工时要满足以下要求：

（1）土方开挖应自上而下进行，不得乱挖超挖，严禁掏底开挖。

（2）可作为路基回填料的土方，应分类开挖，分类使用。非适用材料作为弃方处理。

（3）开挖过程中，应采取措施保证边坡稳定。开挖至边坡线前，应预留一定宽度，预留的宽度应保证刷坡过程中设计边坡线外的土层不受到扰动。

（4）路基开挖中，基于实际情况，如需修改设计边坡坡度、截水沟和边沟的位置及尺寸，应及时按规定报批。边坡上稳定的孤石应保留。

（5）开挖至零填、路堑路床部分后，应尽快进行路床施工；如不能及时进行，宜在设计路床顶标高以上预留至少 100 mm 厚的保护层，防止下层土受到水的扰动。

（6）挖方路基路床顶面终止标高，应考虑因压实而产生的下沉量，其值通过试验确定。

2. 开挖排水

路堑施工中，应采取临时排水措施，及时将地表水排走，确保施工作业面不积水。路堑边沟与截水沟应从下游向上游开挖。截水沟通过地面坑凹处时，应将凹处填平、夯实。边沟及截水沟开挖后，应及时进行防渗处理，不得渗漏、积水和冲刷边坡及路基。

路堑开挖遇到地下水时应采取排导措施，将水引入路基排水系统，不得随意堵塞泉眼。施工中应对地下水情况进行记录并及时反馈。路床土含水量高或为含水层时，应采取设置渗沟、换填、改良土质、土工织物等处理措施。

二、石质路基施工

（一）填石路堤施工

填石路堤，是指用粒径大于 40 mm 且含量超过总质量 70% 的石料填筑的路堤。

1. 填料要求

膨胀岩石、易溶性岩石不宜直接用于路堤填筑，强风化石料、崩解性岩石和盐化岩石不得直接用于路堤填筑。路堤填料粒径应不大于 500 mm，并不宜超过层厚的 2/3，不均匀系数宜为 15 ~ 20。路床底面以下 400 mm 范围内，填料粒径应小于 150 mm。路床填料粒径应小于 100 mm。

2. 基底处理

填石路堤基底处理除应满足土质路堤基底处理要求外，其承载力应满足设计要求。在非岩石地基上，应按设计要求设过渡层后，再填筑填石路堤。

3. 填筑要求

（1）施工前，应先通过试验路段，确定满足现行《公路路基施工技术规范》（JTG F10-2019）关于填石路堤孔隙率标准、路床最大干密度要求的松铺厚度、压实机械型号及组合、压实速度及压实遍数、沉降差等参数。

（2）二级及二级以上公路的填石路堤应分层填筑、压实。二级以下砂石路面公路在陡峻山坡地段施工特别困难时，可采用倾填的方式将石料填筑于路堤下部，但在路床底面以下 1 m 范围内仍应分层填筑、压实。

（3）岩性相差较大的填料应分层或分段填筑。严禁将软质石料与硬质石料混合使用。

（4）中硬、硬质石料填筑路堤时，应进行边坡码砌，码砌边坡的石料强度、尺寸及码砌厚度应符合设计要求。边坡码砌与路基填筑宜基本同步进行。

（5）压实机械宜选用自重不小于 18 t 的振动压路机。

（2）在填石路堤顶面与细粒土填土层之间应按设计要求设过渡层。

（二）石质路堑施工

石方开挖应根据岩石的类别、风化程度、岩层产状、岩体断裂构造、施工环境等因素确定合理的开挖方案。

爆破法施工应先查明空中缆线和地下管线的位置、开挖边界线外可能受爆破影响的建筑物结构类型、居民居住情况等，然后制订详细的爆破技术安全方案。爆破施工组织设计应进行专家论证后按相关规定进行报批。

爆破施工必须符合现行《爆破安全规程》。施工严禁采用硐室爆破（即采用集中或条形硐室装药，爆破开挖岩土的作业），近边坡部分宜采用光面爆破（即沿开挖边界布置密集炮孔，采取不耦合装药或装填低威力炸药，在主爆区爆破之后起爆，以形成平整的轮廓面的爆破作业）或预裂爆破（即沿开挖边界布置密集炮孔，采取不耦合装药或装填低威力炸药，在主爆区爆破之前起爆，从而在爆区与保留区之间形成预裂缝，以减弱主爆破对保留岩体的破坏并形成平整轮廓面的爆破作业）。

爆破施工宜按以下程序进行：爆破影响调查与评估→爆破施工组织设计→专家论证→培训考核、技术交底→主管部门批准→布设安全警戒岗→清理爆破区施工现场的危石等→炮眼钻孔作业→爆破器材检查测试→炮孔检查合格装炸药及安装引爆器材→布设安全警戒岗→堵塞炮孔→撤离施爆警戒区和飞石、震动影响区的人畜等。爆破作业信号发布及爆破→安全员检查、清除盲炮→解除警戒→测定、检查爆破效果（包括飞石、地震波及对施爆区内构造物的损伤、损失等）。

边坡整修：挖方边坡应从开挖面往下分段整修，每下挖 2 ~ 3 m，宜对新开挖边坡刷坡，同时清除危石及松动石块。石质边坡不宜超挖。

路床清理：路床欠挖部分必须凿除。超挖部分应采用无机结合料稳定碎石或级配碎石填平、碾压密实，严禁用细粒土找平。

三、土石混合路基施工

土石路堤，是指石料含量占总质量 30% ~ 70% 的土石混合材料修筑的路堤。

（一）填料要求

能用于填筑土石路堤的天然土石混合填料中的岩石同填石路堤要求，其中的中硬、硬质石料的粒径不得大于压实层厚的 2/3；强风化石料或软质石料的粒径不得大于压实层厚，且其 CBR 值应符合相关规定。

（二）基底处理

土石路堤基底处理除应满足土质路堤基底处理要求外，在陡、斜坡地段，土石路堤靠山一侧应按设计要求，做好排水和防渗处理。

（三）填筑要求

（1）压实机械的选用以及通过试验路段确定施工参数要求同填石路堤。

（2）土石路堤不得倾填（含抛填），应分层填筑、压实。

（3）碾压前应使大粒径石料均匀分散在填料中，石料间孔隙应填充小粒径石料、土和石渣。

（4）压实后，透水性差异大的土石混合材料应分层或分段填筑，不宜纵向分幅填筑；如确需纵向分幅填筑，应将压实后渗水良好的土石混合材料填筑于路堤两侧。

（5）土石混合材料来自不同料场，其岩性或土石比例相差较大时，宜分层或分段填筑。

（6）填料由土石混合材料变化为其他填料时，土石混合材料最后一层的压实厚度应小于 300 mm，该层填料最大粒径宜小于 150 mm，压实后，该层表面应无孔洞。

（7）中硬、硬质石料的土石路堤应进行边坡码砌，码砌边坡的石料强度、尺寸及码砌厚度应符合设计要求。边坡码砌与路堤填筑宜基本同步进行。软质石料土石路堤的边坡按土质路堤边坡处理。

四、路基的冬季和雨季施工

（一）冬季施工

室外日平均气温连续 5 天稳定低于 5℃的施工过程称为冬季施工。

1. 冬季施工情况

高速公路、一级公路的土质路堤和地质不良地区二级及二级以下公路路堤不宜进行冬季施工；河滩低洼地带，可被水淹没的填土路堤不宜冬季施工；土质路堤路床以下 1m 范围内，不得进行冬季施工；半填半挖地段、挖填方交界处不得在冬季施工。

2. 冬季施工路基基底处理

冬季施工路基在冻结前应完成表层清理，挖好台阶；填筑前应将基底范围内的积雪和冰块清除干净；对需要换填土地段或坑洼处需补土的基底应选用适宜的填料回填，并及时进行整平压实；基底处理后应立即采取保温措施防止冻结。

3. 冬季填方路堤施工要求

路堤填料应选用未冻结的砂类土、碎石、卵石土、石渣等透水性良好的材料。不得用含水量过大的黏性土。填筑应按横断面全宽平填，每层松铺厚度应比正常施工减少 20% ~ 30%，且松铺厚度不得超过 300 mm。当天填土应当天完成碾压。中途停止填筑时，应整平填层和边坡并进行覆盖防冻，恢复施工时应将表层冰雪清除，并补充压实。当填至距路床底面下 1 m 时，碾压密实后应停止填筑，在顶面覆盖防冻保温层。待冬季过后整理复压，再分层填至设计标高。冬季过后必须对填方路堤进行补充压实，使压实度达到现行《公路路基施工技术规范》相关要求。

4. 冬季挖方路基施工要求

挖方边坡不得一次挖到设计线，应预留一定厚度的覆盖层，待到正常施工季节后再修整到设计坡面。路基挖至路床顶面以上 1 m 时，完成临时排水沟后，应停止开挖，待冬季过后再施工。河滩地段可利用冬季水位低，开挖基坑，修建防护工程，但应采取措施保证工程质量。

（二）雨季施工

雨季路基施工宜选在丘陵和山岭地区的砂类土、碎砾石、岩石地段、路堑的弃方地段。重黏土、膨胀土、盐渍土地段和平原区排水困难路段不宜在雨期施工。

1. 防排水要求

在雨季施工的路段，要进行详细的现场调查研究，编制好施工组织计划，制订雨季施工安全预案，做好防洪抢险的准备工作。重点解决防排水问题，具体应注意以下几点：

（1）雨季施工应综合规划、合理设置现场防排水系统，采取有效措施，及时引排地面水。要把临时排水和永久排水衔接好，把水引入沿线桥涵及排水沟渠，形成完整的排水系统，保证雨季施工场地不被淹没、不积水。

（2）对施工临时挤占的沟渠、河道应采取措施保证不降低原有的排水能力。

（3）路堤填筑的每一层表面应设 2% ~ 4% 的排水横坡。

（4）在已填路堤路肩处，应采取设置纵向临时挡水土埂、每隔一定距离设出水口和排水槽等措施，引排雨水至排水系统。

（5）雨季路堑施工宜分层开挖，每挖一层均应设置纵横排水坡，使水排放畅通。

2. 雨季施工路基基底处理

在雨季来临前应将基底处理好，孔洞、坑洼处填平夯实，整平基底，并设纵横排水坡。低洼地段应在雨季前将原地面处理好，并将填筑作业面填筑到可能的最高积水位 0.5 m 以上。

3. 填方路堤雨季施工要求

填料应选用透水性好的碎（卵）石土、砂砾、石方碎渣和砂类土等。利用挖方土作填料，含水量符合要求时，应随挖随填，及时压实。含水量过大而难以晾晒的土不得用作雨季施工填料。雨季填筑路堤需借土时，取土坑的设置应满足路基稳定的要求。路堤应分层填筑，当天填筑的土层应当天或雨前完成压实。

4. 挖方路基雨季施工要求

挖方边坡不宜一次挖到设计坡面，应预留一定厚度的覆盖层，待雨季过后再修整到设计坡面，目的是防止地面水冲坏已成边坡和路床。雨季开挖路堑，当挖至路床顶面以上 300 ～ 500 mm 时应停止开挖，并在两侧挖好临时排水沟，待雨季过后再施工。雨季开挖岩石路基，炮眼宜水平设置。

五、路基防护工程施工

路基的填挖施工会改变原地层的天然平衡状态，新修筑路基在填挖不平衡荷载、行车荷载及其他复杂自然因素的长期作用下，可能产生各种变形和破坏。为保证路基的稳定和防治路基病害，要因地制宜地采取有效的措施，对各类土、石边坡及软弱地基予以必要的防护与加固。

防护工程主要是指防治风化、冲刷等路基病害的工程措施，主要起隔离、封闭、改善环境、保护生态平衡、增强路基稳定性的作用。一般认为防护工程不承受外力作用，所以要求路基本身必须是稳定的，其实路基防护工程均有一定的加固作用。路基边坡防护分为一般路基坡面防护和沿河路基坡面防护。

加固工程主要是指防止路基坍滑、沉陷，支撑天然边坡或人工边坡，保持路基稳定，增强其承载力的工程措施。加固工程具备承受外力的能力，能够加固路基，改善本身不稳定的情况，显然也具有边坡防护作用。路基加固一般分为边坡支挡工程和湿弱地基处理加固工程。

（一）路基防护施工的原则

进行路基防护工程施工应遵循以下原则：

1. 路基防护工程宜与路基挖填方工程紧密、合理衔接，开挖一级防护一级，并及时进行养护。各类防护和加固工程应置于稳定的基础或坡体上。

2. 路堑防护应根据开挖坡面地质水文情况逐段核实路基防护设计方案，应尽量采用边坡自然稳定下的植物防护或不防护。

3. 坡面防护施工前，应对边坡进行修整，清除边坡上的危石及不密实的松土。坡面防护层应与坡面密贴结合，不得留有空隙。

4. 在多雨地区或地下水发育地段，路基防护工程施工中，应采取有效措施截排地表水和导排地下水。

5. 临时防护措施应与永久防护工程相结合。

（二）一般路基坡面防护施工

坡面防护主要用于防护易受自然因素影响而破坏的土质和石质边坡。常用的坡面防护包括植被防护、骨架植物防护、圬工防护等方法，要根据坡面变形及土石的具体工程情况，选择经济、合理的防护方法。

1. 植物防护施工

（1）种草、铺草皮和植树

植物防护主要用于适宜植物生长的土质边坡。

种草适用于坡度不大于 1 : 1 且高度不大、不浸水或短期浸水但地面径流速度不超过 0.6 m/s 的土质边坡上。若边坡土质不宜种草，可在其上铺一层厚 5 ~ 10 cm 的种植土。草种应根据防护目的、气候、土质、施工季节等因素确定，选择易成活、生长快、根系发达、叶茎矮或有匍匐茎的多年生草种。种草施工时，草籽应撒布均匀，同时做好保护措施。

铺草皮适用于坡度不大于 1 : 1 的土质或强风化、全风化的岩石边坡，其最大抵御水流速度为 1.8m/s。草皮应选用根系发达、茎矮叶茂的耐旱草种。当坡面冲刷比较严重（径流速度大于 0.6 m/s），边坡较陡时，应根据具体条件（坡度与流速等），分别采用平铺（平行于坡面）、水平叠置、垂直坡面或与坡面成一半坡角的倾斜叠置的方式种植草皮。

铺草皮需预先备料，草皮可就近培育，切成整齐块状，每块草皮的尺寸以 20 cm × 40 cm 为宜，然后移铺在坡面上。铺时应自下而上，并用竹木小桩将草皮钉在坡面上，使之稳固。草皮根部土应随草切割，坡面要预先挖松整平，必要时还应加铺种植土，草皮应随挖随铺。

植树适用于坡度不大于 1 : 1.5 的土质和全风化的岩石边坡。树种以灌木为好，应选择根系发达、枝叶茂盛、适合当地迅速生长的低矮灌木。灌木（树木）应在适宜季节栽植。常用灌木树种有紫穗槐、夹竹桃、黄荆、野蔷薇、山楂等。不宜在边坡上种植乔木。植树与种草可配合进行。

铺、种植被后，应适时进行洒水、施肥等养护管理，直到植被成活。养护用水应不含油、酸、碱、盐等有碍草木生长的成分。

（2）三维植被网防护施工

土工织物防护种类很多，三维植被网防护只是土工织物复合植被防护坡面的一种典型形式。三维植被网以热塑料树脂为原料，采用科学配方及工艺制成。其结构分为上、下两层，下层为一个经双面拉伸的高模量基础层，强度足以防止植被网变形；上层由具有一定弹性的、规则的、凹凸不平的网包组成。三维植被网应符合设计及有关标准，且其搭接宽度不宜小于100 mm。由于网包的作用，三维植被网能降低雨滴的冲蚀能量，并通过网包阻挡坡面雨水，同时网包能很好地固定充填物（土、营养土、草籽），使其不被雨水冲走，为植被生长创造良好条件。另外，三维植被网固定于坡面上，直接对坡面起固筋作用。当植物生长茂盛后，根系与三维植被网盘错、连接、纠缠在一起，坡面与土相接，形成一个坚固的绿色保护整体，起到复合护坡的作用。

三维植被网适用于砂性土、土夹石及风化岩石，且坡率缓于1∶0.75边坡的防护。三维植被网中的回填土应符合设计要求，宜采用客土〔客土是指非当地原生的、由别处移来用于置换原生土的外地土壤，通常是指质地好的壤土（沙壤土）或人工土壤，是提供植物生长的基盘材料〕或土、肥料及含腐殖质土的混合物。

（3）湿法喷播施工

湿法喷播是一种以水为载体的机械化植被技术。采用专门的设备（喷播机）施工，种子可在较短时间内萌芽、生长成株、覆盖坡面，达到迅速绿化、稳固边坡的目的。用这种方法在人力不可及的陡峭高边坡和含石的边坡上种植植被非常优越。播种的时间一般在气候温和、湿度较大的春、秋季为宜，不宜在干燥的风季和暴雨季播种。播种前应在路堤的路肩和路堑顶边缘，埋入与坡面齐平的宽200～300 mm、厚50～60 mm的带状草皮。播种后适时进行补种、洒水、施肥、清除杂草等养护管理，直至植物成长覆盖坡面，种子成活率应达到90%以上。

湿法喷播适用于土质、土夹石、严重风化岩石且坡率缓于1∶0.5的边坡及中央分隔带、立交区、服务区及弃土堆等处的绿化防护。

（4）客土喷播施工

客土喷播是将客土（提供植物生育的基盘材料）、纤维（基盘辅助材料）、侵蚀防止剂、缓效肥料和种子按一定比例，加入专用设备中充分混合后，用喷射机均匀喷涂到坡面上，使植物获得必要的生长基础，达到快速绿化目的的一种喷播建植技术。

客土喷播主要用于风化岩石、软质岩石、贫瘠土质和硬土边坡、植物立地条件差的高陡坡面和受侵蚀显著的坡面，坡面坡度不宜大于1∶1，否则，宜设置挂网或混凝土框架。

喷播植草混合料（植生土、土壤稳定剂、水泥、肥料、混合草籽、水等）的配合比应根据边坡坡度、地质情况和当地气候条件确定，混合草籽用量为每 1 000 m² 不宜少于 25 kg。气温低于 12℃不宜喷播作业。

2. 骨架植物防护

根据骨架形式不同，常用的骨架植物防护形式有浆砌片石或混凝土骨架植草防护、水泥混凝土空心块植草防护、锚杆混凝土框架植物防护等。

（1）浆砌片石（混凝土）骨架植草防护施工

浆砌片石或水泥混凝土骨架植草防护适用于土质和强风化岩石边坡。其结构形式主要有方格形、人字形、拱形及多边形混凝土空心块等。浆砌片石（混凝土块）骨架植草防护既能稳定路基边坡，又能节省圬工材料，造价较低、施工方便、造型美观，能与周围环境自然融合，是目前高速公路边坡防护的主要形式之一，已被广泛推广应用。

施工时骨架内应采用植物或其他辅助防护措施。植草草皮下宜有 50 ～ 100 mm 厚的种植土，草皮应与坡面和骨架密贴，并及时对草皮进行养护。混凝土空心预制块铺置在路堤沉降稳定后方可施工，预制块铺置前应将坡面整平，预制块经验收合格后方可使用，预制块应与坡面紧贴，不得有空隙，并与相邻坡面平顺。

（2）锚杆混凝土框架植草防护施工

锚杆混凝土框架植草防护是近年来在总结锚杆挂网喷浆（混凝土）防护的经验教训后发展起来的，它既保留了锚杆对风化碎岩石边坡主动加固的作用，防止了岩石边坡经开挖卸荷和爆破松动而产生的局部破坏，又吸收了浆砌片石（混凝土）骨架植草防护造型美观、便于绿化的优点。

锚杆混凝土植草防护形式有多种组合：锚杆混凝土框架＋喷播植草、锚杆混凝土框架＋挂三维土工网＋喷播植草、锚杆混凝土框架＋土工格室＋喷播植草、锚杆混凝土框架＋混凝土空心块＋喷播植草等。

3. 圬工防护

圬工防护主要指用圬工材料砌筑的工程防护结构，主要用于石质路堑边坡的防护。圬工防护主要包括封面防护（喷护、抹面、捶面等）、锚杆挂网喷护、干砌片石、浆砌片（卵）石、浆砌片石护面墙等结构形式。圬工防护不易协调周围环境，道路景观差，应尽量少用，尤其是锚杆挂网喷护。因此，圬工防护施工时应注意与周围环境的协调。

（1）封面防护

封面防护包括喷浆、喷射混凝土、抹面、捶面等防护形式。

喷浆（混凝土）防护适用于坡度缓于 1 ：0.5、易风化、裂隙和节理发育、坡面不平整但未遭强风化，且边坡较干燥，无流水侵入的岩石路堑边坡。对于高而陡的边坡，当需大面积防护时，采取此类型更为经济。

喷护施工常用机械喷护法施工，将配制好的砂浆（混凝土）使用喷射机或水泥枪喷射于坡面上。喷射混凝土厚度不宜小于 80 mm，应根据厚度分 2 ~ 3 层喷射，混凝土强度不应低于 C15。施工作业前应通过试喷，选择合适的水灰比和喷射压力，以保证喷射坡面的质量。喷浆水灰比过小时，灰体表面颜色灰暗、出现干裂、回弹量大、粉尘飞扬；水灰比过大时，灰体表面起皱、拉毛、滑动，甚至流淌；水灰比合适时，灰体成黏糊状，表面光滑平整，回弹量小。喷浆施工严禁在结冰季节或大雨中进行作业。喷护前应采取措施对泉水、渗水进行处治，并按设计要求设置泄水孔和伸缩缝，排、防积水。喷射顺序应自下而上进行。喷射砂浆初凝后 . 应立即开始养生，养护期一般为 5 ~ 7d。喷射混凝土初凝后，应立即养生，养护期一般为 7 ~ 10d。应及时对喷浆层顶部进行封闭处理。

抹面防护主要用于石质路堑边坡，封面适用于未经严重风化的各种易风化岩石的路堑边坡，但不适用于由煤系岩层及成岩作用很差的红色黏土岩组成的边坡。捶面适用于边坡率缓于 1：0.5 且易受冲刷的土质边坡或易风化剥落的边坡。二者均不宜用于高速公路路基边坡防护。抹面、捶面不能承受荷载，不能承受土压力，要求边坡必须平整、干燥、稳定。

抹面防护层厚度不宜小于 30 mm，使用年限为 8 ~ 10 年；捶面防护层厚度不宜小于 100 mm，使用年限为 10 ~ 15 年。抹面防护不宜在严寒冬季和雨天施工。封面前岩体表面要冲洗干净，土体表面要平整、密实、湿润。封面厚度应符合设计要求，封面应分两层进行施工，底层为全厚的 2/3，面层为全厚的 1/3。抹面、捶面厚度要均匀，表面要光滑，封面与坡面应密贴稳固。大面积封面宜每隔 5 ~ 10 m 设伸缩缝，缝宽 10 ~ 20 mm。封面初凝后应立即进行养生，并按设计要求做好边坡封顶和排水设施。捶面护坡施工应嵌补填平边坡坑凹、裂缝。

（2）锚杆挂网喷射混凝土（砂浆）防护施工

当坡面岩体风化破碎严重时，为了加强防护的稳定性，可采用锚杆挂网喷浆（混凝土）防护，锚杆锚固深度及铁丝网孔密度视边坡岩石性质及风化程度而定。锚杆宜用 1：3 水泥砂浆固定，铁丝网应与锚杆连接牢固。

施工时，锚杆应嵌入稳固基岩内，锚固深度根据设计要求结合岩体性质确定。锚杆孔深应大于锚固长度 200 mm。铺设钢筋网前宜在岩面喷射一层混凝土，钢筋网与岩面的间隙宜为 30 mm，然后再喷射混凝土至设计厚度。喷射混凝土的厚度要均匀，钢筋网及锚杆不得外露。做好泄、排水孔和伸缩缝。锚杆挂网喷射混凝土（砂浆）防护施工质量应符合规范要求。

（3）干砌片石护坡施工。

干砌片石护坡适用于坡度缓于 1 ：1.25 的土质路堑边坡或边坡易受地表水冲刷以及有少量地下水渗出的地段。干砌片石护坡厚度不宜小于 250 mm。边坡为粉质土、松散的砂或粉砂土等易被冲蚀的土时，碎石或砂砾垫层厚度不宜小于 100 mm。基础应选用较大石块砌筑，如基础与排水沟相连，其基础应设在沟底以下，并按设计要求砌筑浆砌片石。砌筑应彼此镶紧，接缝要错开，缝隙间用小石块填满塞紧。

（4）浆砌片（卵）石护坡施工

浆砌片（卵）石护坡适用于坡度缓于 1 ：1 的易风化的岩石，以及坡面防护采用干砌片石不适宜或效果不好的边坡。对于严重潮湿或严重冻害的土质边坡，在采取排水措施以前，则不宜采用浆砌片石护坡。在冻胀变形较大的土质边坡上，浆砌片石护坡底面应设 100 ～ 150 mm 厚的碎石或砂砾垫层。浆砌片（卵）石护坡厚度不宜小于 250 mm。砂浆强度不应低于 M5，砂浆终凝前，砌体应覆盖，砂浆初凝后，立即进行养生。路堤边坡采用浆砌片石护坡，宜在路堤沉降稳定后施工。浆砌片石护坡每 10 ～ 15 m 应留一伸缩缝，缝宽 20 ～ 30 mm。在基底地质有变化处，应设沉降缝，可将伸缩缝与沉降缝合并设置。泄水孔的位置和反滤层的设置应符合设计要求。

（5）水泥混凝土预制块护坡施工

水泥混凝土预制块防护宜用于缺乏石料地区或城郊及互通式立交等需要美化的路段，预制块混凝土强度不应低于 C15，在寒冷地区不应低于 C20。路堤边坡护坡宜在路堤沉降稳定后施工。铺设混凝土预制块前应将坡面平整，碎石或砂砾垫层的厚度不宜小于 100 mm。预制块应错缝砌筑，砌筑坡面应平顺，并与相邻坡面顺接。泄水孔的位置应符合设计要求，并保证畅通。

（6）浆砌片石护面墙施工

护面墙适用于防护易风化或风化严重的各种软质岩石层和较破碎岩石的挖方边坡以及坡面易受侵蚀的土质边坡的防护，以防止自然因素的影响而继续风化破坏。护面墙在高速公路路堑边坡防护中应用比较普遍，且边坡稳定，效果较好。

护面墙有实体护面墙、窗孔式护面墙、拱式护面墙及肋式护面墙等，应根据坡面地质条件合理确定。边坡不宜陡于 1 ：0.5；窗孔式护面墙坡度不应大于 1 ：0.75；拱式护面墙适于边坡下部岩层较完整而上部需防护路段，边坡应缓于 1 ：0.5。

修筑护面墙前，应清除基底风化层至新鲜岩面。对风化迅速的岩层，清挖到新鲜岩面后应立即修筑护面墙。护面墙的基础应设置在稳定的地基上，地基承载能力不够，应采取加固措施，基础埋置深度应根据地质条件确定，冰冻地区应埋置在冰冻深度以下至少 250 mm，护面墙前趾应低于边沟的底面。护面墙背必须与路基坡面密贴，边坡局部凹陷处，应挖成台阶后用与墙身相同的圬工砌补，不得回填土石或干砌片石。

坡顶护面墙与坡面之间应按设计要求做好防渗处理。应按设计要求做好伸缩缝。当护面墙基础修筑在不同岩层上时，应在变化处设置沉降缝。单级护面墙的高度不宜超过10 m，并应设置伸缩缝和泄水孔，泄水孔的位置和反滤层的设置应符合设计要求。

（三）沿河路基防护

沿河路基及坡岸由于经常或周期性受到水流的冲刷作用，因此必须采取有效的冲刷防护措施，以确保路基及坡岸的稳固和安全。沿河路基防护工程一般分直接防护与间接防护两种，直接防护工程类型包括护面墙、砌石或混凝土板、护坦、抛石、石笼、浸水挡墙等，以直接抵御水流冲刷为主；间接防护包括导流构造物（丁坝、顺坝等）和防护林带等，以改变水流方向，降低流速，减少冲刷为主。在实际施工过程中，应按工程环境条件选用适当的防护工程类型，达到预期的防护目的。沿河路基防护工程基础应埋设在局部冲刷线以下不小于 1 m 处或嵌入基岩内。

1. 直接防护

（1）砌石或混凝土防护

砌石或混凝土防护包括干砌片石、浆砌片石及混凝土板等防护。干砌片石防护适用于易受水流侵蚀的土质边坡，严重剥落的软质岩石边坡，周期性浸水及受冲刷轻的且流速为 2 ～ 4 m/s 的河岸路基及边坡；浆砌片（卵）石防护适用于经常浸水的、受水流冲刷（流速 3 ～ 6 m/s）或受较强烈的波浪作用，以及可能有流水、漂浮物等冲击作用的河岸路基；混凝土板防护常用于路堤及河岸的边坡，以抵抗渗透水及波浪的破坏，其允许流速为 4 ～ 8 m/s。

砌石或混凝土防护施工除应满足一般路基防护施工要求外，石料应选用未风化的坚硬岩石。开挖基坑时，应核对地质情况，与设计要求不符时，应进行处理。基础完成后应及时用符合设计要求的材料回填。铺砌层底面的碎石、砂砾石垫层或反滤层，应符合设计要求。坡面密实、平整、稳定后方可铺砌。砌块应交错嵌紧，严禁浮塞。砂浆应饱满、密实，不得有悬浆。每 10 ～ 15 m 宜设伸缩缝，基底土质变化处应设沉降缝，并按设计要求施工。采用干砌片石、浆砌片石时，不得大面平铺，石块应彼此交错搭接，不得松动。采用干砌片石、浆砌河卵石时，必须长方向垂直坡面，成横行栽砌牢固。采用铺砌混凝土预制块时，应按设计规格和要求检验合格后方可铺筑。就地浇筑混凝土板时，宜采取措施提高早期强度，混凝土表面应平整、光滑。

（2）护坦防护

护坦是一种辅助性防护措施，常作为闸、坝下游的消力池底板、河床底板，被用来保护水跃范围内的河床免受冲刷。护坦防护形式有护坦式基脚形式、护坦式基脚加设挑坎及阻水堤基脚护坡形式等。当沿河路基挡土墙、护坡的局部冲刷深度过大，深基础施工不便时，宜采用护坦防护基础；当已建挡土墙、护坡的基础埋深不够，需要进行加固时，采用护坦式基脚施工方便有利。护坦式基脚可以减少水流与墙面冲击后形成的下降水流对床面的冲刷。护坦基脚可大大减小挡土墙或护坡基础埋深，降低施工难度。为了进一步减少护坦或基脚的局部冲刷深度，提高抗洪能力，可在护坦上加设挑坎和将护坦基脚的垂墙作成仰斜式。护坦防护施工中，护坦顶面应埋入计算河床冲刷深度以下 0.5 ~ 1.0 m。

（3）抛石防护

抛石防护的应用很广，适用于经常浸水且水较深地段的路基边坡防护，多用于防洪抢险工程。

抛石防护施工时，抛石切忌乱抛。抛石体边坡坡度和石料粒径应根据水深、流速和波浪情况确定，石料粒径应大于 300 mm，宜用大小不同的石块掺杂抛投。坡度应不大于抛石石料浸水后的天然休止角。抛石厚度宜为粒径的 3 ~ 4 倍；用大粒径时，不得小于 2 倍。抛石石料应选用质地坚硬、耐冻且不易风化崩解的石块。除特殊情况外，抛石防护宜在枯水季节施工。

（4）石笼防护

石笼是加固河床和路堤、防止冲刷较好的柔性防护体，多用于其他防护工程基础难以施工或局部冲刷深度过大的情况。目前工程用到的石笼有铁丝石笼和钢筋混凝土框架石笼。铁丝石笼一般可抵抗 4 ~ 5 m/s 的水流速度，体积大的可抵抗 5 ~ 6 m/s 的流速、波浪高 1.5 ~ 1.8m 的水流，多用于抢修或临时工程中，不得用于急流滚石河段。当水流含有大量泥沙时，石笼中的空隙能很快淤满，而形成一整体防护层，如果将各个铁丝石笼单元间彼此很好地连接起来，使其成为一个完整的柔性体，其防护效果会更好。钢筋混凝土石笼用于急流滚石河段。

石笼防护施工时，应根据设计要求或根据不同情况和用途，合理选用石笼形状。应选用浸水不崩解、不易风化的石料。石笼底应大致整平，必要时用碎石或砾石垫层整平。石笼应做到位置正确，搭叠衔接稳固、紧密，确保整体性。

（5）浸水挡土墙

浸水挡土墙适用于水流冲刷严重的河段、急流峡谷，能抵抗的最大水流速度为 8 m/s。

浸水挡土墙除应符合一般挡土墙要求外，还应注意与岸坡的衔接。砌筑挡土墙的材料应选用坚硬未风化且浸水不崩解的石块。

（6）土工织物防护

土工膜袋防护是土工织物防护在沿河路堤防护中常用的一种形式，它是在土工合成材料表面涂一层树脂或橡胶等防水材料，或将土工合成材料与塑料薄膜复合在一起形成不透水防水材料，制成膜袋后再填充混凝土或砂浆形成防护结构，达到防护的目的。膜袋厚度应通过抗浮稳定分析和抗冰推移稳定分析确定。

土工膜袋防护施工，要按设计要求整平坡面，放线定位，挖好边界处理沟。膜袋铺展后应拉紧固定，防止充填时下滑。充填材料应根据设计要求和实际情况合理选用，充填应连续。需要排水的边坡，应适时开孔设置排水管。膜袋顶部宜采用浆砌块石固定。有地面径流处，坡顶应采取防护措施，防止地表水侵蚀膜袋底部。岸坡膜袋底端应设压脚或护脚棱体，有冲刷处应采取防冲措施。膜袋护坡的侧翼宜设压袋沟。膜袋与坡面间应按设计要求铺设好土工织物滤层。

2. 间接防护

（1）导流构造物

导流构造物是以改变水流方向为主以达到间接支护目的的水工建筑物。在路基边坡防护中采用导流构造物，使水流轴线方向偏离路基岸边，或减小防护处的流速，且促进其淤积，从而达到对路基的防护作用。常用的导流构筑物有丁坝（又称挑水坝）、顺坝、格坝、拦水坝、导流坝等。

施工导流建筑物前应制定合理的施工方案，合理安排工期，避免因工期过长引起农田、村庄、上下游路基冲刷，应尽可能避免过多地压缩河床断面。丁坝坝头应做平面防护，处理好坝根与相连接的地层或其他防护设施的衔接，丁坝间的河岸或路基边坡所承受的容许流速小于水流靠岸回流流速时，应缩短坝距或对河岸及路基边坡采取防护措施。顺坝与上下游河岸的衔接，应使水流顺畅；起点应选择在水流匀顺的过渡段，坝根位置宜设在主流转向点的上方。坝根嵌入稳定河岸内的距离应符合设计要求，坝根附近河岸应防护加固至上游不受水流冲击处。

（2）改移河道

改移河道适用于沿河路基受水流冲刷严重、防护工程修筑困难、路线在短距离内多次跨越弯曲河道的情况。但主河槽频繁变迁的河流、支流较多的河段不宜改河。

改河施工时，改河起点、终点位置应与原河床顺接。为防止水流重归故道，宜在改河入口处加陡纵坡并设置拦水坝或顺坝。通流时，改河上游进口河段的河床纵坡宜稍大于设计坡度。新河槽断面应按设计洪水频率的流量设计。改移河道工程应在枯水时期施工。一个旱季不能完成时，应采取防洪措施。河道开挖应先挖好中段，然后再开挖两端，确认新河床工程已符合要求后，方可挖通其上游河段。利用开挖新河道的土石填平旧河道时，在新河道通流前，旧河道应保持适当的流水断面。河床加固设施及导流构造物的施工应合理安排，及时配套完成。

（四）边坡支挡工程

1. 挡土墙

（1）重力式、半重力式挡土墙

重力式挡土墙是指依靠圬工墙体的自重抵抗墙后土体压力，以维持土体稳定的挡土墙，是我国目前最常用的一种挡土墙形式。重力式挡土墙一般由墙身与基础组成，也可不设基础。根据墙背线形，分为仰斜式、垂直式、俯斜式、凸折式、衡重式、台阶式等类型。

半重力式挡土墙是介于重力式挡土墙与悬臂式挡土墙之间的一种挡土墙形式。该式挡土墙可充分利用混凝土的整体性及钢筋的抗拉强度，体积比重力式挡土墙小，可采用较低强度（混凝土强度等级不小于 C15）的混凝土结构，不用或仅用少量钢筋，所以造价一般比同高度的悬臂式挡土墙低。

重力式挡土墙、半重力式挡土墙施工要点：

重力式挡土墙、半重力式挡土墙宜采用明挖基础，当受地基承载力特征值控制或稳定性要求时，可采用钢筋混凝土条形扩展基础。

基础施工时应将基底表面风化、松软土石清除。硬质岩石基坑中的基础，宜满坑砌筑。雨季时，在土质或易风化软质岩石基坑中砌筑基础时，应在基坑挖好后及时封闭坑底。当基底设有向内倾斜的稳定横坡时，应采取临时排水措施，辅以必要坐浆后安砌基础。采用台阶式基础时，台阶与墙体应连在一起同时砌筑，基底及墙趾台阶转折处不得砌成垂直通缝，砌体与台阶壁间的缝隙砂浆应饱满。基坑应随砌筑分层回填夯实，并在表面留 3% 的向外斜坡。

墙身施工要分层错缝砌筑，砌出地面后基坑应及时回填夯实，并完成其顶面排水、防渗设施。伸缩缝与沉降缝内两侧壁应竖直、平齐，无搭叠；缝中防水材料应按设计要求施工。泄水孔应在砌筑墙身过程中设置，确保排水畅通，并应保证墙背反滤、防渗设施的施工质量。当墙身的强度达到设计强度的 75% 时，方可进行回填等工作。在距墙背 0.5 ~ 1.0 m 之间，不宜用重型振动压路机碾压。

（2）悬臂式和扶壁式挡土墙

悬臂式和扶臂式挡土墙采用钢筋混凝土结构，宜在石料缺乏或地基承载力较低的路堤地段使用，悬臂式挡土墙墙高不宜超过 5 m，扶臂式挡土墙墙高不宜超过 15 m。

悬臂式和扶壁式挡土墙施工，凸榫必须按照设计尺寸开挖，并与墙底板一同灌注混凝土。现场整体浇筑时，每段墙的底板、面板和肋的钢筋应一次绑扎，宜一次完成混凝土灌注。当采用现场分段浇筑时，应按设计要求进行施工，并预埋好连接钢筋，连接处混凝土面应严格凿毛，并清洗干净。灌注混凝土后，应按有关规定进行养护。

墙体达到设计强度的 75% 以后方可进行墙背填土，并应按设计要求的填料和密实度分层填筑、压实；墙背排水设施应随填土及时施工。装配法施工时，基础混凝土强度达到设计强度 75% 后，方可安装。预制墙板与基础必须按设计要求连接牢固。

（3）锚杆挡土墙

锚杆挡土墙采用钢筋混凝土柱、板与钢锚杆组合结构，依靠锚固在岩土层内的锚杆拉力抵抗土体侧压力，宜用于岩质路堑地段。锚杆必须锚固在稳定岩土层内。锚杆挡土墙分为肋柱式锚杆挡土墙和板壁式锚杆挡土墙。

锚杆挡土墙施工时，锚杆应按设计尺寸下料、调直、除污、加工。按照设计要求，在施工前应作锚杆抗拔力验证试验。钻孔施工前，应清除岩面，松动石块，整平墙背、坡面。根据设计孔径及岩土性质合理选择钻孔机具。孔轴应保持直线，孔位允许偏差为 ±50 mm，深度允许偏差为 -10 ~ 50 mm。钻孔后应将孔内粉尘、石渣清理干净。安装普通砂浆锚杆时，锚杆应安装在孔位中心。锚杆未插入岩层部分，必须按设计要求作防锈处理。有水地段安装锚杆，应将孔内的水排出或采用早强速凝药包式锚杆。砂浆应随拌随用。宜先插入锚杆然后灌浆，灌浆应采用孔底注浆法，灌浆管应插至距孔底 50 ~ 100 mm 处，并随水泥砂浆的注入逐渐拔出，灌浆压强宜不小于 0.2 MPa。砂浆锚杆安装后，不得敲击、摇动。普通砂浆锚杆在 3 d 内，早强砂浆锚杆在 12 h 内，不得在杆体上悬挂重物。必须待砂浆达到设计强度的 75% 后方可安装肋柱、墙板。安装墙板时，应边安装墙板边进行墙背回填及墙背排水系统施工。

（4）锚定板挡土墙

锚定板挡土墙由钢筋混凝土柱、板、拉杆和锚定板组成，依靠埋置在破裂面后部稳定土层内的锚定板和拉杆抵抗土体侧压力。适用于路堤式路段，但不应建于滑坡、坍塌、软土及膨胀土地区。锚定板在填土中的抗拔力应保证墙体在土压力作用下的平衡与稳定。锚定板挡土墙形式有肋柱式和板壁式，其墙高均不宜超过 10 m。

锚定板挡土墙施工，拉杆使用前应按规定取样试验。拉杆埋于土中部分，必须进行防锈处理。吊装时应保证肋柱不前倾。拉杆及锚定板埋设，应先填土后挖槽就位；挖槽时，锚定板比设计位置宜高 30 ~ 50 mm。锚定板前方超挖部分宜用 C10 水泥混凝土或灰土回填夯实。严禁直接碾压拉杆和锚定板。肋柱、锚定板上的锚头及螺丝杆应作防锈处理和防水封闭。分级平台应按设计要求进行封闭，并设 2% 的外倾排水坡。

（5）加筋土挡土墙

加筋土挡土墙是由填土、拉带和镶面砌块或金属面板组成的加筋土体来承受土体侧压力的挡土墙。它适用于一般地区的路肩式、路堤式挡土墙，但不应修建在滑坡、水流冲刷、崩塌等不良地质地段。用在高速、一级公路上时，墙高不宜超过 12 m；其他各级公路上的墙高不宜超过 20 m。

　　安装直立式墙面板应按不同填料和拉筋预设仰斜坡，仰斜坡一般为 1 : 0.02 ~ 1 : 0.05，墙面不得前倾。拉筋应有粗糙面，并按设计布置呈水平铺设，当局部与填土不密贴时应铺砂垫平。钢拉筋与钢材外露部分应作防锈处理。连续敷设的拉筋接头应置于其尾部；拉筋尾端宜用拉紧器拉紧，各拉筋的拉力应大体均匀，但应避免拉动墙面板。墙背拉筋锚固段填料宜采用粗粒土或改性土等填料。墙背填土必须满足设计压实度要求。填料摊铺、碾压应从拉筋中部开始平行于墙面碾压，先向拉筋尾部逐步进行，再向墙面方向进行，严禁平行于拉筋方向碾压。填土分层厚度及碾压遍数，应根据拉筋间距、碾压机具和密实度要求，通过试验确定，严禁使用羊足碾碾压。靠近墙面板 1 m 范围内，应使用小型机具夯实或人工夯实，不得使用重型压实机械压实。当采用聚丙烯土工带时，拉带应平顺，不得出现打折、扭曲等现象，不得与硬质、棱角填料直接接触。施工过程中随时观测加筋土挡土墙的异常变化。

　　2. 边坡锚固

　　边坡锚固是通过锚杆（索）的拉力来加固岩土体使其达到稳定状态的一种支护结构。边坡锚固技术是一种发展中的加固技术，工序复杂，制约因素多，对施工要求高。

　　（1）施工时，对于破碎且不平整的边坡，必须将松散的浮石和岩渣清除，用浆砌片石填补空洞，对坡面缝隙进行封闭处理。边坡修整后应平整、密实，无溜滑体、蠕变体和松动岩体。边坡开挖和钻孔过程中，应对岩性及构造进行编录和综合分析，与设计相比出入较大时，应按规定处理。

　　（2）锚杆施工，孔深小于 3m 时，宜采用先注浆后插锚杆的施工工艺。注浆时，浆体除孔口 200 ~ 300 mm 外，应均匀充满全孔。锚杆插入后应居中固定。杆体外露部分应避免敲击、碰撞，3d 内不得悬吊重物，3d 后才可安装垫板。当孔深大于 3 m 时，宜先插入锚杆然后灌浆，灌浆应采用孔底注浆法，灌浆管应插至距孔底 50 ~ 100 mm，并随水泥砂浆的注入逐渐拔出，灌浆压强宜不小于 0.2 MPa。砂浆锚杆安装后，不得敲击、摇动。普通砂浆锚杆在 3d 内，早强砂浆锚杆在 12 h 内，不得在杆体上悬挂重物。必须待砂浆达到设计强度的 75% 后方可安装肋柱、墙板。

　　（3）预应力锚索施工前应按设计要求进行预应力锚索的锚固性能基本试验，确定施工工艺。严禁使用有机械损伤、电弧烧伤和严重锈蚀的钢绞线。严禁将钢绞线及锚索直接堆放在地面或露天储存，避免受潮、受腐蚀。

　　（4）锚索束制作宜在现场厂棚内进行。下料应采用机械切割，严禁用电弧切割。普通锚索束必须进行清污、除锈处理。锚固段锚索束应按设计安装。在锚索入孔前，必须校对锚索编号与孔号是否一致，做好标记。锚索束必须顺直地安放在钻孔中心。

　　（5）锚索束放入后应及时对锚固端灌浆施工。无黏结锚索孔灌浆宜一次注满锚固段和自由段。灌浆应饱满、密实。锚索张拉应按设计要求进行。张拉设备必须按规定配套标定，标定间隔期不宜超过 6 个月。拆卸检修的张拉设备或压力表经受强烈撞击后，都必须重新标定。孔内砂浆的强度未达到设计强度的 75% 时，不得进行张拉。

⑥锚索张拉采用张拉力和伸长值进行控制，用伸长值校核应力，当实际伸长值大于计算伸长值的 10% 或小于 5% 时，应暂停张拉，查明原因并处理后，可继续张拉。锚索锁定后，在 48 h 内若发现有明显的预应力松弛，应进行补偿张拉。封孔灌浆应在锚索张拉、检测合格、锁定后进行。封孔灌浆时，进浆管必须插到底，灌浆必须饱满。封孔灌浆后，锚头部分应涂防腐剂，并按设计要求及时进行封闭。

3. 土钉支护

土钉支护是在土质或破碎软弱岩质边坡中设置钢筋钉以维持边坡稳定的支护结构。它只适用于有一定黏性的硬黏土，有一定胶结的黏土、砂土，有一定自稳能力的岩土 . 不宜用在松散的砂土、黏土以及地下水丰富等地质不良的土体中。土钉支护施工应注意以下几方面：

（1）坡面开挖

坡面开挖应根据设计和实际地质情况确定分层深度及工作顺序。在完成上层作业面的土钉与喷射混凝土以前，严禁进行下一层深度的开挖。一次开挖深度不得大于设计中规定的边坡临界自稳高度，一次开挖长度也不得大于设计中规定的临界自稳长度。进行土方开挖作业时，应保证边坡平整并符合设计坡率，严禁边壁出现超挖或造成边壁土体松动的情况。开挖面有软弱土层且垂直开挖时，应严格控制开挖高度和长度，开挖前应超前支护，开挖后应快速封闭。

（2）土钉施工

施工前应按设计要求对土钉进行现场抗拉拔力验证试验。钻孔完成后，应将孔内残浆、残渣等杂物清除干净。安装土钉钢筋时，应按要求连同注浆排气管一并送入钻孔内。孔内注浆应饱满，浆体强度应符合设计要求。

（3）喷射混凝土面层

喷射混凝土粗集料最大粒径不宜大于 16 mm，水灰比不宜大于 0.45 ：1，混凝土强度应符合设计要求。混凝土喷射厚度、临时支护厚度不宜小于 60 mm，永久支护厚度不宜小于 80 mm，永久支护面钢筋的喷射混凝土保护层厚度应不小于 50 mm。混凝土喷射每一层应自下而上进行。当混凝土厚度大于 100 mm 时，应分两次喷射，在第二次喷射混凝土作业前，应清除结合面上的浮浆和松散碎屑。面层表面应抹平、压实、修整。喷射混凝土面层应在长度方向上每 30 m 设伸缩缝，缝宽 10 ~ 20 mm。

（4）地梁、网格梁施工

地梁、网格梁施工应根据地质条件，确定合理的开挖顺序及方案。土钉钢筋与网格梁受力钢筋应连接牢固。地梁、网格梁应及时养护。

4.抗滑桩

抗滑桩是用来抵抗土压力或滑坡下滑力的横向受力桩。桩基开挖过程中,应随时核对滑动面情况,及时进行岩性资料编录,当其实际情况与设计不符时,应进行处理。

（1）抗滑桩施工准备

施工宜在旱季进行。雨季施工时,孔口应搭雨棚,做好锁口,孔口地面上加筑适当高度的围埝。应备好各项工序的机具、器材和井下排水、通风、照明设施,落实人员配备、施工组织计划。应整平孔口地面,设置地表截、排水及防渗设施。应对滑坡变形、移动进行监测。

（2）开挖及支护施工

应分节开挖,每节高度宜为 0.6 ~ 2.0 m,分节不宜过长,不得在土石层变化处和滑动面处分节,挖一节立即支护一节。护壁应经过设计计算确定,应考虑到各种不利情况。护壁混凝土应紧贴围岩灌注,灌注前应清除孔壁上的松动石块、浮土。围岩较松软、破碎、有水时,护壁宜设泄水孔。开挖应在上一节护壁混凝土终凝后进行,护壁混凝土模板的支撑应在混凝土强度达到能保持护壁结构不变形后方可拆除。在围岩松软、破碎和有滑动面的节段,应在护壁内顺滑动方向用临时横撑加强支护,并经常观察其受力情况,及时进行加固。开挖桩群应从两端沿滑坡主轴间隔开挖,桩身强度不低于 75% 时可开挖邻桩。弃渣严禁堆放在滑坡范围内。

（3）灌注桩身混凝土

灌注混凝土前,应检查断面净空、清洗混凝土护壁。钢筋笼搭接接头不得设在土石分界和滑动面处,灌注必须连续进行。

（五）湿弱地基处理加固工程

湿弱地基的处理加固措施很多,如加载预压法、竖向排水法、挤实砂桩法、石灰（水泥）桩法、换填土法、反压护道法、化学固结法等,这些加固措施多是从加速早期沉降、减小后期总沉降、增强地基强度和稳定性角度进行的加固。

第二节　特殊路基施工

特殊路基,一般是指修建在不良地质情况、特殊地形情况、某些特殊气候因素等不利条件下的道路路基。特殊路基有可能因自然平衡条件被打破（或者边坡过陡,或者地质承载力过低）而出现各种各样的问题,因此,除要按一般路基标准、要求进行设计施工外,还要针对特殊问题进行研究,采取相应的处理措施。

特殊路基根据土质、地质、地形、气候因素可分为以下类型：

1.湿黏土路基、软土地区路基、红黏土地区路基、膨胀土地区路基、黄土地区路基、盐渍土地区路基、风积沙及沙漠地区路基；

2.季节性冻土地区路基、多年冻土地区路基、涎流冰地区路基、雪害地区路基；

3.滑坡地段路基、崩塌与岩堆地段路基、泥石流地区路基；

4.岩溶地区路基、采空区路基；

5.沿河（沿溪）地区路基、水库地区路基、滨海地区路基。

特殊路基施工应根据其特点和具体情况以及必要的基础试验资料，进行经济、技术综合考虑，因地制宜地制订施工方案，编制专项施工组织设计，批准后实施。

特殊地区路基一般要注意以下四个环节：

1.对地质资料、土工试验的详细检查，对设计图和实践经验的调查研究。

2.室内试验和现场试验，特别是对重要工程。

3.精细施工并注意现场的监测和数据的搜集。

4.反复分析，验证设计，监测工程安全。

一、软土地区路基施工

（一）软土地基的工程特性

淤泥、淤泥质土及天然强度低、压缩性高、透水性小的一般黏土统称为软土。对于高速公路，标准贯击次数小于 4，无侧限抗压强度小于 50 kPa 且含水量大于 50% 的黏土，或标准贯击次数小于 4 且含水量大于 30% 的砂性土也统称软土。大部分软土的天然含水量介于 30% ~ 70% 之间，孔隙比为 1 ~ 19，渗透系数为 10^{-8} ~ 10^{-7}，cm/s，压缩性系数为 0.005 ~ 0.02，抗剪强度低（快剪黏聚力在 10 kPa 左右，快剪内摩擦角 0° ~ 5°），具有触变性和显著的流变性。

（二）软土地基的处治方法

软土地区的路基问题主要是路堤填筑荷载引起软土地基滑动破坏稳定的问题和长时间大沉降的问题。软土地基处治前，应复核处治方案的可行性，编制实施性施工组织设计。处治材料的选用及处治方案，宜因地制宜、就地取材。

软基处治方法很多，不同的处治方法具有各自的适用范围和使用效果，但主要目的都是为了增强地基的稳定性和加速地基沉降或减小地基总沉降量。

（三）铺砂（砾）垫层法

铺砂（砾）垫层法是在软土层顶面铺砂（砾）垫层，主要起浅层水平排水作用。

铺砂（砾）垫层法适用于路堤高度小于 2 倍极限高度（在天然软土地基上，基底不作特殊加固处理而用快速施工法填筑路堤的最大高度）的软土层、较薄硬壳层、表面渗透性很低的硬壳或软土层稍厚但具有双面排水条件的地基情况。该法施工简便，不需特殊机具设备，占地较少。但需放慢填筑速度，控制加荷速率，以便地基进行充分排水固结。因此，铺砂（砾）垫层法适用于工期不紧迫、砂（砾）料充足、运距不远的施工环境。

铺砂（砾）垫层法施工要求：

1. 垫层材料宜采用无杂物的中、粗砂，含泥量应小于 5%（当与排水固结法综合处治软基时，其含泥量不大于 3%）；也可采用天然级配沙砾料，其最大粒径应小于 50 mm。砾石强度不低于四级（洛杉矶法磨耗率小于 60%）。

2. 垫层宜分层摊铺压实，碾压到规定的压实度。碾压时最佳含水量一般控制在 8% ~ 12%，摊铺厚度为 250 ~ 350 mm，压实机具宜采用自重为 60 ~ 80 kN 的压路机。

3. 垫层采用沙砾料时，应避免粒料离析。

4. 垫层宽度应宽出路基边脚 500 ~ 1 000 mm，两侧宜用片石护砌或采用其他方式防护。

（四）换填法

换填法一般适用于地表下 0.5 ~ 3 m 范围的软土处治。根据施工的不同，常用换填法又分开挖换填法、抛石挤淤法、爆破排淤法三种。

1. 开挖换填法

开挖换填法就是将软弱地基层全部或部分挖除，再用砂砾、碎石、钢渣等透水性较好的材料回填的一种软基处治法。该法用于泥沼（泥沼是一种以泥炭沉积为主，并包含着各种水草、淤泥和水的土层）及软土厚度小于 2.0 m 的非饱和黏性土的软弱表层，也可添加适量石灰、水泥进行改良处治。一般不用于处治深层软基、沉降控制严格的路基、桥涵构筑物、引道等情况。

（1）开挖

软基开挖要注意渗水及雨水问题，可边挖边填或全部、局部挖除后回填。

开挖深度小于 2 m 时，可用推土机、挖掘机或人工直接清除软土至路基范围以外堆放或运至取土坑还填；开挖深度不小于 2 m 时，要从两端向中央分层挖除，并修筑临时运输便道，由汽车运出。

路基坡脚宽度范围内的软土应全部清除，边部挖成台阶状；坡脚（含护坡道）范围外，对于小滑塌软土，可挖成 1 ：1 ~ 1 ：2 的坡度；对于高压缩性淤泥质软土，可将护坡道加宽加高至不小于原软土地面。

（2）回填及压实

回填料应选用水稳性或透水性好的材料。回填应分层填筑、压实。

用碎石土或粉煤灰等工业废渣回填时，常采用振动压路机和重型静力压路机（12 ~ 15 t 的三轮压路机）压实。为达到较好压实效果，非土方填料分层填筑厚度不宜过小。在当地条件许可时，可用这些填料填至原地面。

2. 抛石挤淤法

抛石挤淤法是向路基底部抛投片石，将淤泥挤出基底范围，以提高地基强度的一种软基处治方法。抛石挤淤法一般用于当泥沼及软土厚度小于 3.0 m，且其软土层位于水下，更换土施工困难或基底直接落在含水量极高的淤泥上，呈流动状态的情况。一般认为，抛石挤淤法是经济、适用的。在常年积水、排水困难的洼地，泥炭呈流动状态，厚度较薄，表层无硬壳，片石能沉到底部的泥沼，特别软弱的地面上施工机械无法进入，对于这种石料丰富、运距较短的情况，抛石挤淤法较为适用。当淤泥较厚、较稠时须慎重选用本法。

抛石挤淤法施工要求：

（1）应选用不易风化的片石，片石厚度或直径不宜小于 300 mm。片石大小应根据泥炭或软土稠度而定。

（2）软土地层平坦、软土成流动状时，抛投填筑应沿路基中线向前成三角形方式投放片石，再渐次向两侧全宽范围扩展，以使淤泥挤向两侧。当软土地层横坡陡于 1 ：10 时，应自高侧向低侧填筑，并在低侧坡脚外一定宽度内同时抛填形成片石平台。

3. 片石抛填出软土面后，宜用重型压路机反复碾压，再用较小石块填塞垫平，并碾压密实。

3. 爆破排淤法

爆破排淤法是将炸药放在软土或泥沼中引爆，利用爆炸张力把淤泥或泥沼排除，再回填强度高、渗透性好的砂砾、碎石等填料的一种软基处理方法。它用于淤泥层较厚、稠度较大、路堤较高、工期紧迫、不影响周围其他构筑物的情况。

爆破排淤法根据施工顺序分为两种，一种是先填后爆，即先在原地面上填筑低于极限高度的路堤，再在基底下爆破，适用于稠度较大的软土或泥沼；另一种是先爆后填，适用于稠度较小、回淤较慢的软土。

（五）土工合成材料处治法

土工合成材料处治法，即利用土工合成材料（如土工布、土工格栅等）增强软基承载能力的一种软基处治方法。

1. 土工合成材料施工规定

（1）土工合成材料技术、质量指标应满足设计要求。土工合成材料在存放以及铺设过程中应避免长时间曝晒或暴露。与土工合成材料直接接触的填料中严禁含强酸性、强碱性物质。

（2）下承层应平整，摊铺时应拉直、平顺，紧贴下承层，不得扭曲、折皱。在斜坡上摊铺时，应保持一定松紧度。

（3）铺设土工合成材料，应在路堤每边各留一定长度，回折覆裹在已压实的填筑层面上，折回外露部分应用土覆盖。

（4）土工合成材料的连接，采用搭接时，搭接长度宜为 300～600 mm；采用缝接时，为保证土工聚合物的整体性，可用尼龙线或涤纶线缝接，方法有对面缝和折叠缝两种。一般多采用对面缝，缝接处强度可达到纤维强度的 80%，基本能满足要求。如果用折叠缝，应用双道缝合线，可取得更高的强度。施工时最好采用移动式缝合机，避免漏缝及断线等。缝接宽度应不小于 50 mm，缝接强度应不低于土工合成材料的抗拉强度；采用黏结时，黏合宽度应不小于 50 mm，黏合强度应不低于土工合成材料的抗拉强度。

（5）施工中应采取措施防止土工合成材料受损，出现破损时应及时修补或更换。

（6）双层土工合成材料上、下层接缝应错开，错开间距应大于 500 mm。

2. 铺设土工布

将土工布铺设于路基底部，在填筑路基自重作用下受拉产生抗滑力矩，从而提高路基的稳定性。土工布在软基中主要起排水、隔离、分散应力和加筋补强作用。

土工布的铺设分单层和多层，当为两层以上时，层与层之间要夹填 10～20 cm 厚砂或砂砾层，以提高基底透水性。

3. 土工格栅

土工格栅是通过格栅表面与土的摩擦作用、格栅孔眼对土的锁定作用、格栅肋的被动抗阻作用约束土颗粒的侧移，从而提高路基的承载力及稳定性。土工格栅的加固效果明显，施工速度快，能大大缩短工期。

4. 土工格室

土工格室是由强化的 HDPE 片材料，经高强力焊接而形成的一种三维网状格室结构。在集中载荷作用下，受力的主动区依然会把所受的力传递给过渡区，但由于格室壁的侧向限制和相邻格室的反作用力，以及填料与格室壁的摩擦力所形成的横向阻力，抑制了土体的横向移动倾向，从而使路基的承载能力得以提高。土工格室常用于处理风沙地区路基、台背路基填土加筋、多年冻土地区路基、黄土湿陷路基处理、盐渍土、膨胀土路基等。

（六）施打塑料排水板法

1. 工作原理

施打塑料排水板法是用插板机将塑料排水板插入软土地基，在上部预压荷载作用下，软土地基中的空隙水由塑料排水板排到上部铺垫的砂层或水平塑料排水管中，由其他地方排出，加速软基固结。塑料排水板施工设备的作用基本与袋装砂井相同。

2. 塑料排水板施工要求

（1）选用的塑料排水板的技术、质量指标应符合设计要求。

（2）现场堆放的塑料排水板，应采取措施防止损坏滤膜。露天堆放时应有遮盖，不得长时间曝晒。

（3）塑料排水板超过孔口的长度应能伸入砂垫层不小于 500 mm 处，预留段应及时弯折埋设于砂垫层中，与砂垫层贯通，并采取保护措施。

（4）塑料排水板不得搭接。

（5）施工中防止泥土等杂物进入套管内，一旦发现，应及时清除。

（6）打设形成的孔洞应用砂回填，不得用土块堵塞。

3. 塑料排水板加固软土地基的优点

（1）滤水性好，排水畅通，排水效果有保证。

（2）材料有良好的强度和延展性，能适合地基变形能力而不影响排水性能。

（3）排水板断面尺寸小，施打排水板过程中对地基扰动小。

（4）可在超软弱地基上进行插板施工。

（5）施工快、工期短，每台插板机每日可插板 15 000 m 以上，造价比袋砂井低。

对于深厚的软土地基采用排水固结法进行加固时，从技术上和经济上考虑，排水板是一种经济、有效、可行的方法。

（七）反压护道法

反压护道法是指为防止软弱地基产生剪切、滑移，保证路基稳定，对积水路段和填土高度超过临界高度的路段，在路堤一侧或两侧填筑起反压作用的，具有一定宽度和厚度的护道土体的一种软基处治方法。其原理是通过护道改善路堤荷载方式来增加抗滑力的方法，使路堤下的软基向两侧隆起的趋势得到平衡，从而保证路堤的稳定性。

反压护道法适用于路堤高度不大于 1.5 ~ 2 倍的极限高度，非耕作区和取土不太困难的地区。

采用反压护道法加固地基，不需特殊的机具设备和材料，施工简易方便，但占地多，用土量大，后期沉降大，以后的养护工作量也大。

反压护道施工填料材质应符合设计要求。护道宜与路堤同时填筑，分开填筑时，必须在路堤达临界高度前将反压护道筑好。护道压实度应达到《公路土工试验规程(JTG E40-2007)重型击实试验法测定的最大密度的90%,或满足设计提出的要求。

(八)堆载预压法

1. 概念

堆载预压法是堆载预压排水固结法的简称。该方法通过在场地填土加载预压,使土体中的孔隙水沿排水板排出,地基土压密、沉降、固结,从而提高地基强度,减少路堤建成后的沉降量。预压荷载超过设计道路工程荷载称为超载预压;预压荷载等于设计道路工程荷载称为等载预压。

2. 特点及适用范围

堆载预压法对各类软弱地基均有效,使用材料、机具简单,施工操作方便。但堆载预压需要一定的时间,适合工期要求不紧的项目。对于深厚的饱和软土,排水固结所需要的时间很长,同时需要大量的堆载材料,在使用上会受限。

3. 堆载预压法施工要求

(1)堆载预压不得使用淤泥土或含垃圾杂物的填料,填筑过程应按设计要求或采取有效措施,防止预压土污染填筑好的路基。

(2)堆载预压土应边堆土边推平,顶面应平整。

(3)堆载预压施工时应保护好沉降观测设施。填筑过程中应同步进行地基沉降与侧向位移观测。

(4)堆载预压土的填筑速率应符合设计要求,保证路堤安全、稳定。

(5)堆载预压的加压量和加压时间应满足设计要求。

(6)堆载预压卸载时间应根据观测资料和工后沉降推算结果,由建设单位组织,评估单位进行沉降评估,满足设计要求后方能卸载。

(九)真空预压法

1. 概念、特点及适用范围

真空预压法是在需要加固的软土地基表面先铺设砂垫层,然后埋设垂直排水管道,再用不透气的封闭膜使其与大气隔绝,薄膜四周埋入土中。利用真空装置进行抽气,使膜内外形成气压差,密封的软弱地基产生真空负压力,土颗粒间的自由水、空气沿着排水管上升到软基上部砂垫层内,再经砂垫层过滤排到软基密封膜以外,从而使土体固结,增加地基的有效应力。

真空预压在固结结束时,地基的真空压力就全部转化为有效应力。由于真空预压荷载是等向的,地基中不产生剪应力,故地基不存在剪切破坏的问题,所以真空荷载可一次施加,而不必像堆载那样要分级。因此,真空预压法可大大地缩短预压时间。

真空预压法与排水板堆载预压法相比,其主要优点是加荷时间短、工艺简单、造价低,地基不存在失稳问题。该法适用于含水量高、孔隙比大、强度低、渗透系数和固结系数小的黏土,通常在设计荷载不超过 80 kPa 的地基上采用是较适宜的。

2. 真空预压法施工要求

(1)垫层材料宜采用中、粗砂,泥土杂质含量小于 5%,严禁砂中混有尖石等尖利硬物。

(2)每个加固区用 2 ~ 3 层密封膜,具体层数可根据密封膜性能确定。密封膜厚度宜为 0.12 ~ 0.17 mm,密封膜每边长度应大于加固区相应边 3 ~ 4 m。薄膜加工后不得存在热穿、热合不紧等现象,不宜有交叉热合缝。

(3)滤管应不透砂。滤管距泥面、砂垫层顶面的距离均应大于 50 mm。滤管周围必须用砂填实,严禁架空、漏填。

(4)密封沟与围堰处理。沿加固边界开挖密封沟,其深度应低于地下水位并切断透水层,内外坡应平滑。沟底宽度应大于 400 mm,密封膜与沟底黏土之间应进行密封处理。密封沟回填料应为不含杂质的纯黏土,不得损坏密封膜。筑堰位置应跨密封沟的外沟沿,堰体应密实、牢固。铺膜前,应把出膜弯管与滤管连接好,并培实砂子,同时处理好出口的连接。

(5)真空表测头应埋设于砂垫层中间,每块加固区不少于 2 个真空度测点,真空管出口须防止弯折或断裂。

(6)抽真空。抽真空持续时间应符合设计要求,设计无规定可持续 2 ~ 5 个月。覆盖厚度宜为 200 ~ 400 mm,膜下真空压力应持续稳定在 80 kPa 以上。应注意观察负压对其相邻结构物的影响。

(十)真空堆载联合预压法

真空堆载联合预压法是堆载预压和真空预压两种方法的结合。处治原理同真空预压法,但加载更大,预压时间可缩短一半。

1. 真空堆载联合预压法施工要求

(1)路堤填筑宜在抽真空 30 ~ 40 d 后开始进行,或按设计规定开始堆载。

(2)路堤填筑速率应符合设计规定。

(3)路堤填筑期间应保持抽真空。

(4)路堤填筑高度达到设计标高(考虑沉降)后,应继续抽真空,路堤沉降值(或地基固结度)达到设计要求后方可停止抽真空。

2. 真空预压法、真空堆载联合预压法施工监测

(1)预压过程中,应进行孔隙水压力、真空压力、深层沉降量及水平位移等预

压参数的监测。真空压力每隔 4 h 观测一次，表面沉降每 2 d 测一次。

（2）当连续五昼夜实测地面沉降小于 0.5 mm/d、地基固结度已达到设计要求的 80% 时，经验收，即可终止抽真空。

（3）停泵卸荷后 24 h，应测量地表回弹值。

（十一）袋装砂井法

袋装砂井法是用透水型土土织物长袋装砂砾石，一般通过导管式振动打设机械将砂袋设置在软土地基中形成排水砂柱，以加速软土排水固结的地基处理方法。砂袋可采用聚丙烯、聚乙烯、聚酯等长链聚合物编织，以专用缝纫机缝制或工厂定制，目前国内普遍采用的是聚丙烯编织，该材料抗老化性能差。施工机械一般为导管式的振动打设机械，只是在进行方式上有差异。我国一般采用的打设机械有轨道门架式、履带臂架式、步履臂架式、吊机导架式。该法用于淤泥固结排水、堆荷预压，使沉降均匀。

袋装砂井法施工要点：

1. 所用中、粗砂中大于 0.6 mm 颗粒的含量宜占总重的 50% 以上，含泥量小于 3%，渗透系数大于 5×10^{-7} mm/s。砂袋的渗透系数应不小于砂的渗透系数。且应保持干燥，不宜采用潮湿填料，以免袋内填料干燥后，体积减小，造成短井。

2. 砂袋露天堆放时应有遮盖，不得长时间曝晒。

3. 砂袋应垂直下井，不得扭结、缩颈、断裂、磨损。

4. 拔钢套管时若将砂袋带出或损坏，应在原孔位边缘重打；连续两次将砂袋带出时，应停止施工，查明原因并处理后方可施工。

5. 砂袋在孔口外的长度，应能顺直伸入砂垫层至少 300 mm。

（十二）砂桩法（挤密砂桩或砂桩挤密法）

1. 概念

砂桩（砂井）指的是为加速软弱地基排水固结、增加软基稳定性，在地基中经振动、冲击或水冲等方式成孔后，灌入中、粗砂而建成的排水桩体。将砂灌入织袋放进孔内形成的井，称袋装砂井。

2. 适用范围

砂桩法适用于松散砂土、粉土、黏性土、素填土、杂填土等地基；对饱和黏土地基，对变形控制要求不严的工程也可采用砂桩置换处理；砂桩还可用于处理可液化的地基。在用于饱和黏土的处理时，最好是通过现场试验后再确定是否采用。

3. 成孔分类

根据成孔方式的不同，目前工程中砂桩成孔方式分为套管成孔法、水冲成孔法和螺旋钻成孔法等。

（1）套管成孔法：将带有活瓣桩尖或套有混凝土端靴的套管沉到预定深度，然后在管内灌砂后拔出套管，形成砂桩。根据沉管工艺不同，又分为静压沉管法和振动沉管法。

（2）水冲成孔法：通过专用喷头，在水压力作用下冲孔，成孔后清孔，再向孔内灌砂成桩。此法适用于土质较好且均匀的砂性土。

（3）螺旋钻成孔法：以动力螺旋钻钻孔，提钻后灌砂成桩。此法适用于陆地上的工程，砂桩长度小于 10 m，且土质较好，不会出现缩颈、塌孔现象的软弱地基；不宜用在很软弱的地基。

4. 施工要求

（1）材料要求：采用中、粗砂，大于 0.6 mm 的颗粒含量宜占总重的 50% 以上，含泥量应小于 3%，渗透系数大于 5×10^{-2} mm/s。也可使用砂砾混合料，含泥量应小于 5%。

（2）采用单管冲击法、一次打桩管成桩法或复打成桩法施工时，应使用饱和砂；采用双管冲击法、重复压拔法施工时，可使用含水量为 7% ~ 9% 的砂；饱和土中施工可用天然湿砂。

（3）地面下 1 ~ 2 m 土层应超量投砂，通过压挤提高表层砂的密实程度。

（4）成桩过程应连续。

（5）实际灌砂量未达到设计用量时，应进行处理。

（十三）碎石桩

碎石桩是散体桩（由无黏结强度材料制成的桩）的一种，按其制桩工艺可分为振冲（湿法）碎石桩和干法碎石桩两大类。采用振动加水冲的制桩工艺制成的碎石桩称为振冲碎石桩或湿法碎石桩。采用各种无水冲工艺（如干振、振挤、锤击等）制成的碎石桩统称为干法碎石桩。

碎石桩施工要求：

1. 材料要求：未风化碎石或砾石，粒径宜为 19 ~ 63 mm，含泥量应小于 10%。

2. 施工前应按规定做成桩试验。

3. 根据试桩成果，严格控制水压、电流和振冲器在固定深度位置的留振时间。

4. 碎石桩密实度抽查频率为 2%，用重口型动力触探测试，贯入量为 100 mm 时，击数应大于 5 次。

（十四）加固土桩

加固土桩（粉喷桩）主要是以水泥、石灰、粉煤灰等材料作固化剂的主剂，利用深层搅拌机械在原位软土中进行强制搅拌，经过物理化学作用生成一种特殊的具有较高强度、较好变形特性和水稳性的混合桩体。它对提高软土地基承载能力，减少地基的沉降量有明显效果。适用于加固饱和软黏土地基如淤泥、淤泥质土、粉土和含水量较高的黏性土。

1. 材料要求

（1）生石灰粒径应小于 2.36 mm，无杂质，氧化镁和氧化钙总量应不小于 85%，其中氧化钙含量应不小于 80%。

（2）粉煤灰中二氧化硅和三氧化二铝含量应大于 70%，烧失量应小于 10%。

（3）水泥宜用普通水泥或矿渣水泥。

2. 加固土桩施工前的准备工作

（1）施工前必须进行成桩试验，桩数不宜少于 5 根。

（2）应取得满足设计喷入量的各种技术参数，如钻进速度、提升速度、搅拌速度、喷气压力、单位时间喷入量等。

（3）应确定能保证胶结料与加固软土拌和均匀性的工艺。

（4）掌握下钻和提升的阻力情况，选择合理的技术措施。

（5）根据地层、地质情况确定复喷范围。

（6）应根据固化剂喷入的形态（浆液或粉体），采用不同的施工机械组合。

3. 固化剂相关规定

（1）采用浆液固化剂时，制备好的浆液不得离析，不得停置过长。超过 2 h 的浆液应降低等级使用。浆液拌和均匀，不得有结块。供浆应连续。

（2）采用粉体固化剂时，严格控制喷粉标高和停粉标高，不得中断喷粉，确保桩体长度；严格控制粉喷时间、停粉时间和喷入量。应采取措施防止桩体上下喷粉不匀、下部剂量不足、上下部强度差异大等问题，应按设计要求的深度复搅。当钻头提升到地面以下小于 500 mm 时，送灰器停止送灰，用同剂量的混合土回填。若喷粉量不足，应整桩复打，复打的喷粉量不小于设计用量。喷粉因故中断时，必须复打，复打重叠长度应大于 1 m。施工设备必须配有自动记录的计量系统。钻头直径的磨损量不得大于 10 mm。

（十五）水泥粉煤灰碎石桩

水泥粉煤灰碎石桩（简称 CFG 桩）是在碎石桩的基础上发展起来的，以一定配合比率的石屑、粉煤灰和少量的水泥加水拌和后制成的一种具有一定胶结强度的桩体。由于桩体中加入了水泥和粉煤灰，形成了高黏结强度的桩，从而改善了碎石桩的刚性，不仅能很好地发挥全桩的侧摩阻作用，同时，也能很好地发挥其端阻作用。CFG 桩和桩间土、垫层一起形成复合地基。

水泥粉煤灰碎石桩施工要求：

1. 材料要求

（1）骨料：应根据施工方法，选择合理的骨料级配和最大粒径。粗骨料一般采用碎石或卵石。泵送混合料时，卵石最大粒径宜为 26.5 mm，碎石最大粒径宜为 19 mm。采用振动沉管时，骨料最大粒径不宜超过 63 mm。为使级配良好，宜掺入石屑或砂填充碎石的空隙。

（2）水泥：宜选用普通硅酸盐水泥，一般采用 32.5 级。

（3）粉煤灰：宜选用袋装Ⅰ、Ⅱ级粉煤灰。

2. 施工前应进行成桩试验，试桩数量宜为 5 ~ 7 根。成桩试验应确定符合设计要求的施工工艺和施工速度，确定合理的投料数量，确定桩的质量标准。

3. 桩体施工应选择合理的施打顺序，避免对已成桩造成损害。CFG 桩施工一般采用振动沉管机械施工，因此，其施打顺序对成桩质量影响较大，根据经验，一般采用隔桩跳打，此时很少发生打桩径被挤小或缩径现象。

4. 成桩过程中，应对已打桩的桩顶进行位移监测。一般桩顶位移超过 10 mm 时，需要对桩体进行开挖查验。

5. 为保证桩体质量，混合料应拌和均匀，且投料要充分。混合料坍落度一般宜为 100 mm 左右。

（十六）沉管灌注桩

1. Y 形沉管灌注桩施工

Y 形沉管灌注桩是一种派生于传统沉管灌注桩（圆形）的异形沉管灌注桩，根据"同等截面，多边形边长之和大于圆形周长"的原理，桩侧表面积增加，摩阻力相应增加，即等长、等体积的 Y 形沉管灌注桩比传统的圆形沉管灌注桩的侧面积大、单桩承载力高。

（1）粗集料宜优先选用卵石；采用碎石，宜适当增加含砂率；骨料最大粒径不宜大于 63 mm。混凝土坍落度宜为 80 ~ 100 mm，在运输和灌注过程中无离析、泌水现象。

（2）桩尖、桩帽混凝土强度不宜低于 C30。

（3）邻近有建筑物（构造物）时，应采取有效的隔振措施。

（4）桩基定位点及施工区附近的水准点应设置在不受桩基施工影响处。

（5）群桩施工，应合理设计打桩顺序，控制打桩速度，防止影响邻桩成桩质量。

（6）沉管前，宜在桩管内先灌入高 1.5 m 左右的封底混凝土方可开始沉管。

（7）灌注混凝土的充盈系数不得小于 1。

（8）拔管速度应保持为 1.0 ~ 1.2 m/min，桩管埋入混凝土深度应大于 1 m。

2. 薄壁筒形沉管灌注桩施工

薄壁筒形沉管灌注桩是一种派生于传统的圆形沉管灌注桩的沉管灌注桩，利用一个内、外双管及桩靴结构，配备中、高频振动锤，形成密封管状系统沉孔，并灌注混凝土，形成大口径薄壁筒桩。

（1）混凝土粗集料宜优先选用卵石，卵石最大粒径为 63 mm；采用碎石，宜适当增加含砂率，碎石最大粒径为 37.5 mm。混凝土坍落度宜为 80 ~ 150 mm，在运输和灌注过程中无离析、泌水现象。

（2）桩尖、桩帽混凝土强度不宜低于 C30。桩尖表面应平整、密实，桩尖内外面圆度偏差不得大于 1%，桩尖端头支承面应平整。

（3）邻近有建筑物时，应采取有效的隔振措施。

（4）在软土地基上打群桩时，应合理设计打桩顺序，控制打桩速度。

（5）桩基定位点及施工区附近所设的水准点应设置在不受桩基施工影响处。

（6）沉管规定：成孔器安装时，应控制底部套筒环形空隙（即成桩壁厚）的均匀性，环隙偏差小于 5 mm 后方可固定上端法兰或缩压夹持器。沉孔之前，必须使桩尖与成孔器内、外钢管的空腔密封，确保在全部沉孔过程中水不会渗入空腔内。浇注混凝土前，应检测孔底有无渗水和淤泥。

（7）浇注混凝土规定：桩管内混凝土灌满后，先振动 5 ~ 10 s，再边振动边拔管，控制拔管速度均匀，保持管内混凝土高度不少于 2 m。穿越特别软弱土层时，拔管速度宜控制在 1.0 ~ 1.2 m/min。采取间歇性振动，即灌入 2 m 高度混凝土后，提升振动一次，不宜连续振动而不提升。在沉孔及提升成孔器时，必须控制成孔器的垂直度。浇注后的桩顶标高应大于设计标高 500 mm。

二、潮湿地段路基施工

（一）潮湿地段路基填料要求

用湿黏土、红黏土作为填料直接填筑时，应符合以下要求：

1. 液限在 40% ~ 70% 之间，塑性指数在 18 ~ 26 之间。

2. 不得作为二级及二级以上公路路床、零填及挖方路基 0 ~ 0.80 m 范围内的填料；不得作为三、四级公路上路床、零填及挖方路基 0 ~ 0.30 m 范围内的填料。

3. 采用湿土法制作试件，试件的 CBR 值应满足现行《公路路基施工技术规范》相关规定。

4. 压实度应符合规定，否则应对填料进行处理，处理后强度应符合现行《公路路基施工技术规范》相关规定。

5. 压缩系数大于 0.5 MPa^{-1} 的红黏土不得直接用于填筑路堤。

6. 强膨胀土不得作为路堤填料。中等膨胀土经处理后可作为填料，用于二级及二级以上公路路堤填料时，改性处理后胀缩总率应不大于 0.7%。胀缩总率不超过 0.7% 的弱膨胀土可直接填筑。

（二）湿黏土路基施工

湿黏土路堤填筑时，每层宜设 2% ~ 3% 的横坡。当天的填土宜当天完成压实。填筑层压实后，应采取措施防止路基工作面曝晒失水。

1. 水稻田地段路基施工

水稻田地段路基施工，不得影响农田排灌。施工前应采取措施排除公路用地范围内的地表水。疏干地表水确有困难时，应按设计要求进行处治。二级及二级以上公路路堑段，应在边坡顶适当距离外筑埂并挖截水沟；土质、风化岩石边坡，应浆砌护墙或护坡；路堑路段宜加大边沟尺寸并采用浆砌。

2. 河、塘、湖地段路堤施工

受水浸润作用的路堤部分，宜用水稳性好、塑性指数不大于 6、压缩性小、不易风化的透水性填料填筑。在洪水淹没地段的路堤两侧不得取土；对于三、四级公路，特殊情况下，可在下游侧距路堤安全距离外取土。两侧水位差较大的河滩路堤，根据具体情况，宜放缓下游一侧边坡，设滤水趾和反滤层，在基底设隔渗墙或隔渗层。防洪工程应在洪水期前完成，施工期间应注意防洪。

3. 多雨潮湿地区路基施工

多雨潮湿地区施工，应注意排水。机具停放地、库房、生活区域应选在地势较高不易被水淹的地点，并有完善的排水防洪设施。多雨潮湿地区，应按设计要求对基底过湿土层进行处理。

（三）红黏土地区路基施工

1. 路堤施工

应尽量避免雨季施工。雨季施工时，应防止松土被雨淋湿。施工中应保持作业面横坡不小于 3%。雨后作业面，应经晾干且重新压实合格后方可进行下道工序的施工。路堤填筑应连续，填料应随挖随用。摊铺后必须及时碾压，做到当天摊铺当天完成碾压。碾压完成后，应采取措施防止路堤作业面曝晒失水。

2. 提高红黏土路堤压实度的措施

（1）掺加砂砾法：掺加砂砾能改善高液限土（红黏土）的液限、塑性指数以及 CBR 值，当粗粒料含量大于 35% ~ 40% 时，一般能达到标准土质的填筑要求。随着砂砾含量的增加，对裂缝的抑制作用愈来愈明显，抗裂性能得到相应提高。

（2）化学外加剂法：掺入石灰、水泥等外加剂可有效降低含水量，提高强度，同时又可降低塑性指数，提高水稳性。

（3）包边法：将不能直接填筑的红黏土进行隔水封闭。外包材料为水稳性较好的低液限土。但是对于碾压稠度偏低（小于 1.15）导致难以压实的红黏土应避免采用此法。该法建议使用于下路堤填筑。

3. 包边法施工

包边材料应为透水性较小的低液限黏土、石灰土等，CBR 值应符合现行《公路路基施工技术规范》相关规定。严禁用粉土、砂土等低塑性土包边。分层填筑时，先摊铺包边土，后摊铺红黏土。碾压前，应控制两种填料的各自含水量，使两种填料在同一压实工艺下能达到压实标准。包边土的压实度应符合土质路基压实度规定。碾压应从两边往中间进行，对不同填料的结合处要增加碾压遍数 1 ～ 2 遍。超高弯道的碾压应自低处向高处进行。

三、盐渍土地区路基施工

（一）路堤填料

盐渍土作为路堤填料，首先与所含易溶盐的性质和数量有关，其次与所在自然区域的气候、水文和水文地质条件有关，此外也与土质道路技术等级和路面结构类型有关。路堤填料应符合以下要求：

1. 路堤填料适用性应符合现行《公路路基施工技术规范》的相关规定。

2. 对填料的含盐量及其均匀性应加强施工控制检测，路床以下每 1 000 m³，填料、路床部分每 500 m² 填料应至少作一组测试，每组 3 个土样，填方不足上列数量时，亦应做一组试件。含盐量大的土层一般分布在地表数百毫米的范围内。实际检测时，若发现上、下层含盐量不一样，但总的平均含量未超过规定允许值时，可以通过将上、下两层盐土打碎拌和来保证填料含盐量的均匀性。

3. 用石膏土作填料时，应先破坏其蜂窝状结构。根据以往公路、铁路多年实践经验，石膏土或石膏粉均可作为路堤填料。蜂窝状和纤维状石膏土，由于其疏松多孔，用作填料时，应破碎其蜂窝状结构，以保证达到要求的压实度。

（二）基底（包括护坡道）处治

含水量超过液限的原地基土，应按设计要求将基底以下 1 m 全部换填为透水性材料；含水量界于液限和塑限之间时，应按设计要求换填 100 ～ 300 mm 厚的透水性材料；含水量在塑限以下时，可直接填筑黏性土。地下水位以下的软弱土体应按设计要求采用透水性好的粗粒土换填，高度宜高出地下水位 300 mm 以上。在内陆盆地干旱地区，路面为沥青混凝土、水泥混凝土或沥青表面处治时，应按设计要求在路堤下部设置封闭性隔断层。地表为过盐渍土的细粒土、有盐结皮和松散土层时，应将其铲除，铲除的深度通过试验确定。地表过盐渍土层过厚时，若仅铲除一部分，则应设置封闭隔断层，隔断层宜设置在路床顶以下 800 mm 处；若存在盐胀现象，隔断层应设在产生盐胀的深度以下。

（三）盐渍土路堤施工

盐渍土路堤应分层填筑、分层压实，每层松铺厚度不宜大于 200 mm，砂类土松铺厚度不宜大于 300 mm。碾压时应严格控制含水量，碾压含水量不宜大于最佳含水量 1 个百分点。雨天不得施工。盐渍土路堤的施工，应从基底处理开始，连续施工。在设置隔断层的地段，宜一次做到隔断层的顶部。地下水位高的黏性盐渍土地区，宜在夏季施工；砂性盐渍土地区，宜在春季和夏初施工；强盐渍土地区，宜在表层含盐量较低的春季施工。

（四）盐渍土路堤施工排水

施工中应及时、合理设置排水设施，路基及其附近不得积水。取土坑底面应高出地下水位至少 150 mm，底面向路堤外侧应有 2% ~ 3% 排水横坡。在排水困难地段或取土坑有可能被水淹没时，应在取土坑外采取适当处治措施。在地下水位较高地段，应加深两侧边沟或排水沟，以降低路基下的地下水位。盐渍土地区的地下排水管与地面排水沟渠，必须采取防渗措施。盐渍土地区不宜采用渗沟。

四、膨胀土地区路基施工

（一）施工一般要求

膨胀土地区路基施工，应避开雨季作业，加强现场排水，基底和已填筑的路基不得被水浸泡。膨胀土地区路基应分段施工，各道工序应紧密衔接，连续完成。路基边坡按设计要求修整，并应及时进行防护施工。膨胀土路基填筑松铺厚度不得大于 300 mm；土块粒径应小于 37.5 mm。填筑膨胀土路堤时，应及时对路堤边坡及顶面进行防护。路基完成后，当年不能铺筑路面时，应按设计要求做封层，其厚度应不小于 200 mm，横坡不小于 2%。

（二）二级及二级以上公路路堤基底处理

高度不足 1 m 的路堤，应按设计要求采取换填或改性处理等措施处治；表层为过湿土时，应按设计要求采取换填或进行固化处理等措施处治；填土高度小于路面和路床的总厚度，基底为膨胀土时，宜挖除地表 0.30 ～ 0.60 m 的膨胀土，并将路床换填为非膨胀土或掺灰处理；若为强膨胀土，挖除深度应达到大气影响深度。

（三）路堑施工

路堑施工前，先施工截、排水设施，将水引至路幅以外。边坡施工过程中，必要时，宜采取临时防水封闭措施保持土体原状含水量。边坡不得一次挖到设计线，应预留厚度 300 ～ 500 mm，待路堑完成时，再分段削去边坡预留部分，并立即进行加固和封闭处理。路床底标高以下应按照设计要求进行处理。宜用支挡结构对强膨胀土边坡进行防护。支挡结构基坑应采取措施防止曝晒或浸水，基础埋深应在大气风化作用影响深度以下。

五、粉质土地区路基施工

（一）开挖边沟

由于粉性土的毛细水上升高度较大，为防止路基边坡底部土体含水量过大，从而发生由下往上的坍塌失稳，在路基开始施工时，可结合边沟设计在两侧开挖一定深度的边沟，降低地下水及路基两侧地面水对路基的侵害。

（二）增加压实宽度

在实际施工中在原设计路基宽度基础上可适当增加其压实宽度，以预留冲刷宽度，维持和保护主体路基的稳定。

（三）控制路基表面平整度

路基表面平整，有利于水在路表均匀漫流，不至于形成局部溜槽。一定的路拱有利于路基范围内的降水及时排到路基外，不使积水渗入土基。

（四）设拦水埂、泄水槽

水流对路基表面的冲刷程度随流量、流速的变化而变化，当路表水沿边坡流下后将形成一定的流速，从而对边坡形成较严重的冲刷。雨季施工时，在路基边缘设置拦水埂，并每隔一定距离设置泄水槽，路基表面降水流至路基边缘后沿拦水埂汇集至泄水槽集中排出，避免了路基水对边坡的冲刷。

（五）掺灰处治

粉质土不是石灰土的理想土源，通过掺入 5% ~ 8% 的石灰，改善土的板体性能，到了一定的龄期后，其浸水后的稳定性也大大提高，防止雨水冲刷和土体坍塌的现象。

第四章　路面施工技术

第一节　沥青混凝土路面施工

沥青混凝土路面是以沥青材料为结合料，黏结矿料形成沥青混合料，用其修筑面层，与各类基层和垫层共同组成的路面结构。沥青作为结合料，增强了矿料颗粒间的黏结力，同时提高了路面的技术品质。由于沥青材料具有较好的弹性、黏性和塑性，因而沥青混凝土路面具有平整、耐磨、不扬尘、不透水、耐久、平稳、舒适等特点，是目前各级道路常用的路面面层。

沥青混凝土路面施工过程中必须遵循以下规定：

①贯彻"精心施工，质量第一"的方针，保证沥青混凝土路面的施工质量。

②必须符合国家环境和生态保护的规定。

③沥青混凝土路面施工必须有施工组织设计，并保证合理的施工工期。沥青混凝土路面不得在气温低于10℃（高速公路和一级公路）或5℃（其他等级公路），以及雨天、路面潮湿的情况下施工。

④沥青面层宜连续施工，避免与可能污染沥青层的其他工序交叉干扰，以杜绝施工和运输污染。

⑤沥青混凝土路面施工应确保安全，有良好的劳动保护。沥青拌和厂应具备防火设施，配制和使用液体石油沥青的全过程严禁烟火。使用煤沥青时，应采取措施防止工作人员吸入煤沥青，或避免皮肤直接接触煤沥青而造成身体伤害。

⑥进行沥青混凝土路面试验检测的试验室应通过认证，取得相应的资质；试验人员应持证上岗；仪器设备必须检定合格。

⑦沥青混凝土路面工程应积极采用经试验和实践证明有效的新技术、新材料和新工艺。

⑧沥青混凝土路面施工除应符合《公路沥青路面施工技术规范》（JTG F40）外，还应符合国家颁布的现行有关标准、规范的规定。特殊地质条件和地区的沥青混凝土路面工程，可根据实际情况制定补充规定。各省、市、自治区或工程建设单位可根据

具体情况，制订相应的技术指南，但技术要求不应低于《公路沥青路面施工技术规范》（JTG F40）中的规定。

热拌沥青混合料是由矿料与沥青在热态下拌和而成的混合料的总称，是高等级公路主要采用的路面施工方式。这里主要讲述热拌沥青混合料施工技术。

一、施工前的准备工作

施工前的准备工作主要有确定料源及进场材料的质量检验、检查施工机械、铺筑试验路段等。

（一）确定料源及进场材料的质量检验

在沥青混凝土路面建设过程中，材料起着至关重要的作用。有些新建的高速公路沥青混凝土路面之所以会出现早期损坏，材料问题是重要原因。因此，在沥青混凝土路面施工过程中，应严把材料关，以试验为依据，严格控制材料质量。沥青混凝土路面使用的各种材料运至现场后，必须取样进行质量检验，经评定合格后方可使用。不得以供应商提供的检测报告或商检报告代替现场检测，以防止因使用不符合要求的材料而造成损失的情况发生。

1. 沥青材料

沥青材料的选用应在全面了解各种沥青料源、质量及价格的基础上，从质量和经济两个方面综合考虑。对每批进场的沥青，均应检验生产厂家所附的试验报告，检查装运数量、装运日期、订货数量、试验结果等。对每批沥青进行抽样检测，试验中如有一项达不到规定要求，应加倍抽样试验。如仍不合格，则应退货并提出索赔。沥青材料的试验项目有针入度、延度、软化点、薄膜加热、蜡含量、比重等。有时根据合同要求，可增加其他非常规测试项目。

沥青材料的存放应符合下列要求：沥青运至沥青厂或沥青加热站后，应按规定分批检验其主要性质指标是否符合要求，不同种类和标号的沥青材料应分别储存，并加以标记；临时性的储油池必须搭盖棚顶，并应疏通周围的排水渠道，防止雨水或地表水进入池内。

2. 集料

集料质量差是目前公路建设中特别严重的问题，突出表现是材料脏、粉尘多、针片状颗粒含量高、级配不良等，经常达不到规范要求。我国公路部门的集料多半取自社会料场，国有企业、乡镇企业、个体企业都有，各料场的质量、规格参差不齐，使用时离析严重，导致实际级配与配合比与设计有很大的差距，这是造成沥青混凝土路面早期损坏的重要原因。

集料的准备应符合下列要求：①不同规格的集料应分别堆放、不得混杂，有条件时应加盖防雨顶棚。②各种规格的集料运达工地后，应对其强度、形状、尺寸、级配、清洁度、潮湿度进行检查。如尺寸不符合规定要求，应重新过筛；若有污染，应用水冲洗干净，干燥后方可使用。

集料质量的控制主要从粗集料、细集料、填料（矿粉）和纤维稳定剂几个方面进行。

粗集料的选择应遵循就地取材的原则，注重集料的加工特性，重点检查石料的技术标准能否满足要求，如石料等级、保水抗压强度、磨耗率、磨光值、压碎值等，以确定石料料场。实际中，有些石料虽然达到了技术标准中的要求，但不具备开采条件，在确定料场时也应慎重考虑。在各个料场采集样品，制备试件并进行试验，考虑经济性等问题后确定料场。在选择集料时，勿过分迷信玄武岩。有人认为表面层非玄武岩不能使用，当地没有就去外地买，对当地的石料如辉绿岩、安山岩、闪长岩、石灰岩等质量很好的石料视而不见，特别是花岗岩、砂岩等酸性石料。实际上，只要采取掺加消石灰或抗剥落剂等技术措施，酸性石料也具有较好的应用效果，且玄武岩未必都好，有的吸水率很大，受热稳定性并不好。

细集料的质量是确定料场的重要指标，进场的机制砂、天然砂、石屑应满足规定的质量要求。细集料应洁净、干燥、无风化、无杂质，并有适当的颗粒级配，其中最重要的是洁净。为保证细集料的质量，并从保护环境的角度来看，机制砂是今后细集料的发展方向。

填料（矿粉）必须为石灰岩或岩浆岩中的强基性岩石等憎水性石料经磨细得到的矿粉，原石料中的泥土杂质应除净。矿粉应干燥、洁净，能自由地从矿粉仓流出。拌和机的粉尘可作为矿粉的一部分进行回收使用，但每盘用量不得超过填料总量的25%，掺有粉尘填料的塑性指数不得大于4。当采用粉煤灰作为填料使用时，用量不得超过填料总量的50%，粉煤灰的烧失量应小于12%，与矿粉混合后的塑性指数应小于4，其余质量要求与矿粉相同。高速公路、一级公路的沥青面层不宜采用粉煤灰作填料。

纤维稳定剂宜选用木质素纤维、矿物纤维等。其掺加比例以其占沥青混合料总量的质量百分率计算。通常情况下，用于 SMA 路面的木质素纤维不宜低于 0.3%，矿物纤维不宜低于 0.4%，必要时可适当增加纤维用量。纤维掺加量的允许误差宜不超过 ± 5%。纤维应存放在室内或有棚盖的地方，松散纤维在运输及使用过程中应避免受潮，不结团。使用纤维时必须符合环保要求，不危害身体健康。矿物纤维宜采用玄武岩等矿石制造，易影响环境及造成人体伤害的石棉纤维不宜直接使用。

（二）检查施工机械

沥青混凝土路面施工前，应对各种施工机械做全面检查。具体检查项目为：

①检查洒油车的油泵系统、洒油管道、量油表、保温设备等有无故障，并将一定数量的沥青装入油罐，在路上试洒，校核其洒油量。每次喷洒前应保持喷油嘴干净，管道畅通。喷油嘴的角度应一致，并与洒油管成15°～25°的夹角。

②检查矿料撒铺车的传动和液压调整系统，并应事先进行试撒，以确定撒铺每一种规格矿料时应控制的间隙和行驶速度。

③检查沥青混合料拌和与运输设备。拌和设备在开始运转前要进行一次全面检查，注意各个连接部件螺栓连接的紧固情况，传动链的张紧度，搅拌器内有无积存余料，振动筛筛网规格及网面有无破损，冷料运输机是否运转正常和有无跑偏现象；仔细检查沥青、燃油、导热油和压缩空气供给系统是否畅通，是否有漏沥青、漏油、漏气现象；注意检查沥青拌和设备的电气系统；检查运输车辆是否符合要求，保温设施是否齐全。

④检查摊铺机的规格和主要机械性能，如振捣板、振动器、熨平板、螺旋摊铺器、离合器、刮板送料器、料斗闸门、厚度调节器、自动调平装置，并检查纵坡、横坡控制器的灵敏性，是否正常工作。作业前，应使用喷雾器向接料斗、推滚、刮板送料器、螺旋摊铺器及熨平板等可能黏着沥青混合料的部位喷洒柴油，但严禁在熨平板预热时喷洒柴油。

⑤检查压路机的规格和主要机械性能（如转向、启动、振动、倒退、停驶等方面的能力）及滚筒表面的磨损情况；检查发动机冷却水量、机油量、液压油量是否符合压路机的使用要求；检查燃油量、喷水水箱的水量是否充足，保证能够顺利完成当天的生产任务。

（三）铺筑试验路段

1. 铺筑试验路段的目的

铺筑沥青混合料道路时一般就地取材。每个地区的材料性能和特点各不相同，在进行道路设计时，要根据现有的材料确定矿料的级配、沥青用量。道路施工时，各个施工单位使用的设备不同。随着施工技术的不断发展，新技术、新工艺、新材料、新设备不断应用。

铺筑试验路段的目的：

①为了减少不确定因素造成的风险，防止道路铺筑后产生缺陷。

②通过铺筑试验路段，对采用的新技术、新工艺、新材料、新设备进行综合验证和评定。待各项指标完全满足设计要求后，才能正式摊铺施工。

③通过试验路段的作业，总结出全套的作业参数，供正式施工时参照执行。

2. 铺筑试验路段的要求

铺筑试验路段绝不是一种形式，必须达到所要求的目的。具体应满足以下要求：

①高速公路和一级公路在正式施工前，都应铺筑试验路段。

②其他等级的公路，在缺乏施工经验或使用新材料、新设备、新施工方法时，也应铺筑试验路段。

③只有施工单位、材料、机械设备以及施工方法都相同时，才能用已有的经验施工，无须铺筑试验路段。

④试验路段的长度一般为 100 ~ 200m。

⑤为了确保试验结果准确，应选择直线路段进行试验。

⑥沥青混合料路面的每个结构层都要铺筑试验路段。

⑦确定各层试验路段位置时，不能在同一地段。

3. 通过试验路段应得到的数据

热拌热铺沥青混合料路面试验路段的铺筑分试拌及试铺两个阶段，通过试验路段应得到以下数据：

①验证设计阶段取得的沥青混合料配合比数据，如目标配合比、生产配合比等数据是否满足设计要求。

②对施工准备阶段设定的沥青拌和站的各项参数进行验证，包括拌和时矿料的加热温度、沥青的加热温度、混合料的拌和时间及其他设备生产参数，测量混合料的出厂温度，还要测算拌和站的实际生产率。

③测量运输车将混合料运达现场后混合料的温度、运输过程所用的时间、运输车数量是否满足施工要求。

④验证各种施工机械的性能是否满足施工质量要求，施工机械的数量是否足够，施工机械匹配是否合理，全套施工机械是否能够满足均衡生产的要求；设备的技术状况是否可靠，性能是否达到最佳稳定运转状态。

⑤测量摊铺机的摊铺温度、松铺系数、摊铺机的各项作业数据。

⑥测量压路机初压时混合料的温度，复压时混合料的温度，复压的遍数、终压时混合料的温度及碾压过程所用的时间。使用振动压路机时，比较各振动频率和振幅的碾压效果，确定最佳振动频率和振幅参数。

⑦进行路面渗水系数试验，检查路面沥青混合料的防水性能。

⑧建立用钻孔法与核子密度仪无破损检测路面密度的对比关系，确定压实度的标准检测方法。核子密度仪等无破损检测在碾压成型后的热态条件下测定，取 13 个测点的平均值为 1 组数据，一个试验路段不得少于 3 组；钻孔法在第 2d 或第 3d 以后测定，钻孔数不少于 12 个。

试验路段的铺筑应由有关各方共同参加，及时商定有关事项，明确试验结论。铺筑结束后，施工单位应就各项试验内容提出完整的试验路段施工、检测报告，取得业主或监理的批复。

热拌沥青混合料路面施工工艺包括混合料的拌和、运输、摊铺、压实及接缝处理等。铺筑沥青层前，应检查基层或下卧沥青层的质量，不符合要求的不得铺筑沥青面层。旧沥青路面或下卧层已被污染时，必须清洗或经铣刨处理后方可铺筑沥青混合料。以下对热拌沥青混合料路面的各施工工艺分别进行阐述。

二、沥青混合料的拌和与运输

（一）沥青混合料的拌和

沥青混合料必须在沥青拌和厂（场、站）采用拌和机械拌制。拌和厂的设置必须符合国家有关环境保护、消防、安全等的规定；设计拌和厂与工地现场距离时，应充分考虑交通堵塞的可能性，确保混合料的温度下降符合要求，且不致因颠簸造成混合料离析；拌和厂应具有完备的排水设施，各种集料必须分隔储存，细集料应设防雨顶棚，料场及场内道路应做硬化处理，严禁泥土污染集料。

在拌制一种新配合比的混合料之前，或生产中断了一段时间后，应根据室内配合比进行试拌。通过试拌及抽样试验确定施工质量控制指标。

1. 拌和设备

沥青混合料拌和设备按工艺流程可分为间歇式强制搅拌式和连续滚筒式，根据生产能力（即按每小时拌和成品料的数量确定）又分为小型（40t/h 以下）、中型（40～350t/h）和大型（400 t/h 以上）三种。间歇式强制搅拌式拌和设备的生产能力最高可达 700t/h，连续滚筒式拌和设备的生产能力最高可达 1200t/h。

对于间歇式强制搅拌式拌和设备，冷矿料的烘干、加热与热沥青的拌和先后在不同的设备中进行，采用分批计量、强制拌和的生产工艺，所生产的沥青混合料的油石比和骨料级配具有精度高、拌和均匀、残余含水率低的特点，但设备庞大，动力消耗较高。对于高速公路和一级公路，为了保证路面施工质量，以适应大负荷、大流量的运输工况，规范规定宜选择间歇式强制搅拌式拌和设备。

对于连续滚筒式拌和设备，冷矿料的烘干、加热与热沥青的拌和在同一滚筒内连续进行，采用连续作业、自由拌和的生产工艺，热砂石料和热沥青液连续计量供应，不断搅拌并卸出。其搅拌器较长，装有多对按螺旋形方向安装的搅拌叶片，一端连续进料，另一端连续出料。此种拌和设备紧凑，同等生产率条件下动力消耗小。其一般装有自动控制装置，可以实现自动化生产，生产率较高，但对沥青混合料的油石比和骨料级配控制精度比较低，而且由于沥青接触火焰易老化，使用性能降低。连续滚筒式拌和设备使用的集料必须稳定不变，当一个工程从多处进料，料源或质量不稳定时，不得采用连续滚筒式拌和设备。

按其安装情况，沥青混合料拌和设备又可分为固定式和移动式。前者的全部机组固定安装在场地上，多用于规模较大、工程量集中的场合。后者若为大、中型设备，则全部机组分装在几辆特制平板挂车上，拖运到施工地点后拼装架设，多用于公路施工工程；若为小型设备，则机组安装在一辆特制平板挂车上，可随时转移，多用于道路维修工程。

选择沥青混合料拌和设备时还应注意以下情况：

①间歇式强制搅拌式拌和设备的总拌和能力应满足施工进度要求。拌和设备除尘设备完好，能达到环保要求。冷料仓的数量满足配合比需要，通常不宜少于 5～6 个。拌和设备应配备有添加纤维、消石灰等外掺剂的设备。

②沥青混合料拌和设备的各种传感器必须定期检查，每年不少于一次。冷料供料装置需经标定得出集料的供料曲线。

2. 材料要求

集料进场后，宜在料堆顶部平台卸料。经推土机推平后，铲运机从底部按顺序竖直装料，以减少集料离析。集料与沥青混合料取样应符合现行试验规程的要求。从沥青混合料运料车上取样时，必须设置取样台，分几处采集一定深度下的样品。热拌沥青混合料宜当天拌和、当天摊铺。若遇特殊情况，如下雨或摊铺设备出故障不能立即摊铺时，可于成品储料仓内储存。

3. 拌和质量控制

①高速公路和一级公路施工采用的间歇式强制搅拌式拌和设备必须配备计算机，拌和过程中逐盘采集并打印各个传感器测定的材料用量和沥青混合料拌和量、拌和温度等各种参数，每个台班结束时打印出一个台班的统计量。按现行《公路沥青路面施工技术规范》（JTG F40）中规定的方法，进行沥青混合料生产质量及铺筑厚度的总量检验，若总量检验数据有异常波动，则应立即停止生产并分析原因。

②控制沥青混合料的温度。沥青混合料的出厂温度通常由沥青、矿料的加热温度控制。沥青混合料拌制完成出厂，运到施工现场时混合料的温度对摊铺质量影响很大，摊铺完成后铺层混合料的温度对压实的密实度影响最大。如果混合料的温度过低，铺筑的混合料还没有完全压实就已经冷却，铺筑层混合料将不能被压实，路面就达不到规定的密实度，路面的强度、防水性能均会受到很大的影响。

③拌和机的矿粉仓应配备振动装置以防止矿粉起拱。添加消石灰、水泥等外掺剂时，宜增加粉料仓，也可由专用管线和螺旋升送器直接加入拌和锅。若消石灰、水泥

与矿粉混合使用，应注意二者因密度不同容易发生离析。

④拌和机必须有两级除尘装置。经一级除尘的部分可直接回收使用，二级除尘的部分可进入回收粉仓使用（或废弃）。对因除尘造成的粉料损失应补充等量的新矿粉。

⑤沥青混合料拌和时间根据具体情况经试拌确定，以沥青均匀裹覆集料为度。间歇式强制搅拌式拌和设备每盘的生产周期不宜少于 45s（其中干拌时间不少于 5 ~ 10s），改性沥青和 SMA 混合料的拌和时间应适当延长。

⑥间歇式强制搅拌式拌和设备的振动筛规格应与矿料规格相匹配，最大筛孔宜略大于混合料的最大粒径，其余筛的设置应考虑混合料的级配稳定，并尽量使热料仓大体均衡，不同级配的混合料必须配置不同的筛孔组合。

⑦间隙式强制搅拌式拌和设备宜备有保温性能好的成品储料仓，储存过程中混合料温降不得大于 10℃，且不能有沥青滴漏。普通沥青混合料的储存时间不得超过 72h，改性沥青混合料的储存时间不宜超过 24h，SMA 混合料只限当天使用，OGFC 混合料宜随拌随用。

⑧生产添加纤维的沥青混合料时，纤维必须在混合料中充分分散，拌和均匀。拌和设备应配备同步添加投料装置，松散的絮状纤维可在喷入沥青的同时或稍后采用风送设备喷入拌和锅，拌和时间宜延长 5s 以上。颗粒纤维可在粗集料投入的同时自动加入，经 5 ~ 10s 干拌后再投入矿粉。纤维的添加量很小时，也可分装成塑料小包或由人工量取直接投入拌和锅。

⑨使用改性沥青时，应随时检查沥青泵、管道、计量器是否堵塞，堵塞时应及时清洗。

⑩沥青混合料出厂时，应逐车检测沥青混合料的质量和温度，记录出厂时间，签发运料单。

（二）沥青混合料的运输

沥青混合料成品应及时运往工地。运输前应查明工地的具体位置、施工条件、摊铺能力、运输路线、运距、运输时间以及所需混合料的种类和数量等，合理确定运输车辆数量。沥青混合料在运输过程中极易发生离析现象，其中尤以级配离析和温度离析居多。因此，控制和减少离析现象的发生是运输过程中质量控制的重点。

1. 运输过程中的级配离析

运输过程中级配离析的发生主要有以下几种情况：

①沥青拌和设备生产的混合料进入储存罐储存时，由于储存罐装置有所不同，粗集料滚向一侧，使得混合料发生离析。

②在沥青混合料从拌缸直接装车的过程中，规格大的石料和多面体、圆形的石料滚动较快，从而被堆放在沥青混合料周围的下部。由于沥青的黏结作用，规格小的集

料相互吸附而不易滚动,因此被堆放在沥青混合料堆的中间。如果一次装完沥青混合料,易使较大的碎石滚到车辆前部、后部和两侧,从而造成离析。

③在沥青混合料从运输车中倒入摊铺机料斗的过程中,堆放在沥青混合料堆四周的粗集料聚集部分同时进入摊铺机料斗,而摊铺机的输料器无法消除这种离析现象,铺筑在路面上就造成了周期性的离析。

④载货汽车在储料仓下快速装料时,驾驶员若不移动车辆,较大粒径碎石将滚到载货汽车前部、后部和两侧,使得卸料时开始卸下的料和最后卸下的料都是粗集料,两侧的粗集料被卸到摊铺机受料斗的两块侧板上。这种装料方式使该车料铺筑路面的中间部分区域产生离析现象。

此外,运输过程中路况不平或运料车的突然制动,也会加剧沥青混合料的离析。

2. 运输过程中的温度离析

沥青混合料从拌和厂向摊铺现场运输的过程中,沥青混合料温度与周围温度相差很多,热交换的作用会导致混合料温度在到达现场前有较大的下降。沥青混合料的温度愈高,其温度下降愈多;周围环境温度愈低,热量损失愈大。由于沥青和集料的导热系数较小,热量传导缓慢,在产生热量损失的车厢周边,冷混合料较多,中心混合料温度下降量较小,这样就在载货汽车的周边混合料与中心混合料之间产生了温度差异。

即使在炎热的夏天,环境温度比沥青混合料的温度也要低得多。车厢壁传导、对流、辐射三种方式的热量交换,会造成沥青混合料的热量损失,从而引起沥青混合料温度的下降。热量的损失主要出现在靠近车厢壁的混合料中,中心区域混合料温度下降量较小。

3. 运输过程中离析的控制

要实现运输过程中沥青路面的施工质量控制,必须有效控制和减少离析现象的发生,可以从以下几个方面入手:

(1)装料和卸料方法

在从储料仓卸料至运料车的过程中,为减少沥青混合料颗粒的离析,应尽量缩短出料口至车厢的下料距离,以保持50cm为宜,且运料车应停在不同位置受料。汽车位置需要进行前、后、中三次改变,以实现平衡装料,从而减小载货汽车中混合料的离析程度。此外,也可分两层装料,装每层时先装载中间再装载前部、后部。通过试验路段验证该措施克服离析现象的效果更佳。

当载货汽车将料卸入摊铺机受料斗时,应尽量使混合料整体卸落,而不是逐渐将混合料卸入受料斗。因此,车厢底板需要处于良好的启闭状态并涂润滑剂,使全部混合料同时向后滑动。快速卸料可预防粗粒料集中在摊铺机受料斗两侧的外边部。经调研发现，我国较多高速公路的施工现场均存在粗集料集中于摊铺机受料斗两侧板边部的情况。

（2）运输过程的控制

由于大吨位的运输车辆易于保温，因此热拌沥青混合料宜采用较大吨位的运料车运输，但不得超载运输，或急刹车、急弯掉头使透层、封层发生损伤。运输过程中，混合料宜用篷布覆盖，以保温、防雨、防污染。为更好地减轻温度离析现象，可采用双层篷布中间加海绵的方式覆盖，将其固定在车上，卸料时不揭开。

（3）合理的施工组织管理

在沥青混合料成品运达工地之前，应对工地的具体摊铺位置、运输路线、运距、运输时间、施工条件、摊铺能力以及所需混合料的数量等作详细核对。

为减少在摊铺机前频繁换车卸料的情况，应采用大型自卸汽车运送沥青混合料到摊铺现场。运料车辆的数量和总运输能力应较拌和机生产能力和摊铺速度有所富余。

为避免由于现场供料不足而造成摊铺机停机待料，拌和设备成品储料仓内应储存足够的混合料。施工中应保证将拌和机拌制的沥青混合料（包括预先储存在拌和厂成品储料仓内的混合料）及时运送到摊铺现场，并在摊铺机前尽量保持 4 ~ 5 车沥青混合料待卸。

4. 运输过程中的注意事项

①运料车每次使用前后必须清扫干净，在车厢板上涂一薄层防止沥青黏结的隔离剂或防黏剂，但不得有余液积聚在车厢底部。运料车进入摊铺现场时，轮胎上不得沾有泥土等可能污染路面的脏物，宜设水池洗净轮胎后进入工程现场。

②沥青混合料在摊铺地点凭运料单接收。若混合料不符合施工温度的要求，或已经结成团块、已遭雨淋，则不得铺筑。

③摊铺过程中，运料车应在摊铺机前 100 ~ 300mm 处停放，空挡等候。由摊铺机推动前进开始缓缓卸料，避免撞击摊铺机。

④有条件时，运料车可将混合料卸入具有保温作用的转运车，经二次拌和后再向摊铺机连续、均匀地供料。运料车每次卸料时必须倒净，尤其是对改性沥青或 SMA 混合料，如有剩余，应及时清除以防止硬结。

⑤SMA 及 OGFC 混合料在运输、等候过程中，如发现有沥青结合料沿车厢板滴漏，应采取措施予以避免。

三、沥青混合料摊铺技术

摊铺作业是沥青混凝土路面施工的关键工序之一，常包括下承层准备、施工放样、摊铺机各种参数的调整与选择、摊铺机作业等主要内容。

（一）准备工作

1.下承层的准备

沥青混合料的下承层（即前一层）是指基层、联结层或面层下层。虽然下承层完成之后已进行过检查验收，但在两层施工的间隔很可能因某种原因，如雨天、施工车辆通行或其他施工干扰等，使其发生不同程度的损坏，如基层可能会出现弹软、松散或表面浮尘等，因此需对其进行维修。沥青类联结层下层表面可能被泥浆污染，必须将其清洗干净。下承层表面出现的任何质量缺陷，都会影响到路面结构的层间结合强度，以致影响路面整体强度。特别是当桥头及通道两端基层出现沉陷时，应在两端全宽范围内进行挖填处理（在一定深度与长度范围内重新分层填筑与压实），并在两端适当长度内，线型略向上抬起 0 ~ 3cm，使线型"饱满"。对下承层的缺陷进行处理后，即可撒透层油或黏层油。

（1）透层油

为使沥青面层与非沥青材料基层结合良好，沥青路面各类基层上都必须喷撒透层油。根据基层类型选择渗透性好的液体沥青、乳化沥青、煤沥青作透层油，喷撒后通过钻孔或挖掘确认透层油渗入基层的深度宜不小于 5（无机结合料稳定集料基层）~ 10mm（无结合料基层），并能与基层联结成一体。

在撒布透层油时应注意以下事项：

a.透层油撒布后应不致流淌，并应渗入基层一定深度，不得在表面形成油膜。

b.气温低于 10℃时，不宜喷撒透层油。

c.遇大风或将要下雨时，不能喷撒透层油。

d.应按设计喷油量一次均匀撒布，当有漏撒时，应人工补撒。

e.喷撒透层油后，一定要严格禁止人和车辆通行。

f.在摊铺沥青前，应将局部多余的未渗入基层的沥青清除。

g.透层油撒布后应待充分渗透，一般不少于 24h，之后才能摊铺上层，但也不能在透层油喷撒后很长一段时间不做上层施工，应尽早施工。

h.对无机结合料稳定的半刚性基层喷撒透层油后，如果不能及时铺筑面层，且需开放交通，应铺撒适量的石屑或粗砂，此时宜将透层油增加 10% 的用量。之后用 6 ~ 8t 钢筒式压路机稳压一遍，并控制车速。

（2）黏层油

黏层油使上、下层沥青结构层或沥青结构层与结构物（或水泥混凝土路面）完全黏结成一个整体。黏层油宜采用快裂或中裂乳化沥青、改性乳化沥青，也可采用快、中凝液体石油沥青，其规格和质量应符合规范中的要求，所使用的基质沥青标号宜与主层沥青混合料相同。一般符合下列情况之一时，必须喷撒黏层油。

a. 双层式或三层式热拌热铺沥青混合料路面的沥青层之间。

b. 水泥混凝土路面、沥青稳定碎石基层或旧沥青路面层上加铺沥青层。

c. 路缘石、雨水口、检查井等构造物与新铺沥青混合料接触的侧面。

在撒布黏层油时应注意以下事项：

a. 黏层油宜采用沥青撒布车喷撒，并选择适宜的喷嘴，撒布速度和喷撒量要保持稳定；气温低于10℃和路面潮湿时不得喷撒黏层油；寒冷季节施工不得不喷撒时，可以分成两次喷撒；用水洗刷后需待表面干燥后再喷撒。

b. 喷撒的黏层油必须呈均匀雾状，在路面全宽范围内均匀分布成一薄层，不得漏空或呈条状，也不得堆积。喷撒不足的要补撒，喷撒过量处应予以刮除。喷撒黏层油后，严禁除运料车外的其他车辆和行人通过。

c. 黏层油宜在当天撒布，待乳化沥青破乳、水分蒸发完成，或稀释沥青中的稀释剂基本挥发完成后，再铺筑沥青层，以确保黏层不受污染。

2. 施工放样

施工放样必须超前于摊铺施工，要尽可能减少放样误差。施工放样包括标高测定与平面控制两项内容。

标高测定的目的是确定下承层表面高程与原设计高程相差的确切数值，以便在挂线时纠正到设计值或保证施工层厚度。根据标高值设置挂线标准桩，借以控制摊铺厚度和标高。无自控装置的摊铺机不存在挂线问题，但应根据所测的标高值和本层应铺厚度综合考虑确定实铺厚度，用适当垫块或定位螺旋调整就位。为便于掌握铺筑宽度和方向，还应放出摊铺的平面轮廓线或设置导向线。

标高放样时应考虑下承层的标高差值（设计值与实际标高值之差）、厚度和本层应铺厚度。综合考虑后定出挂线桩顶的标高，再打桩挂线。当下承层的厚度不够时，应在本层内加入厚度差并兼顾设计标高，如图4-1所示。如果下承层的厚度足够而标高低，则应根据设计标高放样。如果下承层的厚度与标高都超过设计值，则应按本层厚度放样。若下承层的厚度和标高都不够，则应按差值大的为标准进行放样。总之，标高放样不但要保证沥青路面的总厚度，而且要考虑使标高不超出容许范围。当两者矛盾时，应以满足厚度为主考虑放样，放样时计入实测的松铺系数。

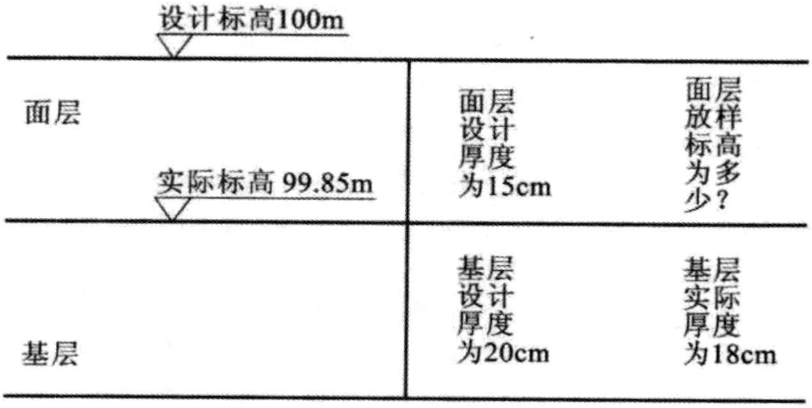

图 4-1 面层标高放样示意图

3. 摊铺机的准备

热拌沥青混合料应采用沥青摊铺机摊铺。在喷撒过黏层油的路面上铺筑改性沥青混合料或 SMA 时，宜使用履带式摊铺机。摊铺机的受料斗应涂刷薄层隔离剂或防黏结剂。

铺筑高速公路、一级公路沥青混合料时，一台摊铺机的铺筑宽度不宜超过 6（双车道）～ 7.5m（3 车道以上），通常宜采用两台或两台以上摊铺机前后错开 10 ～ 20m 呈梯队方式同步摊铺。两幅之间应有 30 ～ 60mm 宽的搭接，并躲开车道轮迹带，上、下层的搭接位置宜错开 200mm 以上。

开工前应提前 0.5 ～ 1h 预热熨平板，使其温度不低于 100℃。铺筑过程中应保证熨平板的振捣或夯锤压实装置具有适宜的振动频率和振幅，以提高路面的初始压实度。熨平板加宽连接时，应仔细调节至摊铺的混合料没有明显的摊铺痕迹。

（二）摊铺机施工作业

1. 摊铺机的作业速度

摊铺机的作业速度对摊铺机的作业效率和摊铺质量影响极大。正确选择作业速度是加快施工进度、提高摊铺质量的重要手段。如果摊铺机时快时慢、时开时停，将导致熨平板受力系统平衡变化频繁，会对铺层平整度和密实度产生很大影响：过快则铺层疏松，供料困难；停机会使铺层表面形成台阶状，且料温下降，不易压实。

摊铺机必须缓慢、均匀、连续不间断地摊铺，不得随意变换速度或中途停顿，以提高平整度，减少混合料的离析。摊铺速度可根据混合料的供给能力、摊铺宽度和厚度确定。一般情况下，摊铺速度宜控制为 2 ～ 6m/min。对于改性沥青混合料及 SMA 混合料，宜放慢至 1 ～ 3m/min。当发现混合料出现明显的离析、波浪、裂缝、拖痕时，应分析原因并予以消除。

2. 摊铺机的调平方式

现代沥青混合料摊铺机有完善的自动调平装置，包括纵坡调平和横坡调平两种调平装置。纵坡调平装置是在摊铺机一侧的地面上设置一条水平的纵坡基准线作为参照物，摊铺机作业时比照该基准线摊铺，使该侧摊铺始终保持设定高度。横坡调平装置是在纵坡控制的基础上进行控制的。当熨平板的一侧用纵坡控制保持设定高度后，横坡调平装置可使熨平板保持横向水平，使铺筑的路面成为一个水平面。横坡调平装置也可使熨平板始终保持一定的横向坡度，以满足道路横向路拱的坡度要求。使用时可根据需要采用纵坡和横坡配合控制，也可以选择使用两个纵坡控制。

纵坡基准是摊铺机能够摊铺出平整路面的基础，分为绝对高程基准和地面平均高程基准。在实际施工中，绝对高程基准适用于摊铺下面层和中面层，以保证路面各个部位的高程；地面平均高程基准适用于摊铺表面层，使摊铺表面圆润、平滑，以提高车辆行驶的舒适性。绝对高程基准包括钢丝绳基准、铝合金梁基准、路缘石基准等，一般应在摊铺施工前在地面上设置。地面平均高程基准包括拖梁基准、滑靴平衡梁基准、多足式基准梁基准、大型平衡梁基准、声呐平衡梁基准等。其中，声呐平衡梁是通过声呐测量地面的平整度，采用非接触测量，也称为非接触式平衡梁。

一般情况下，摊铺机应采用自动调平方式。下面层或基层宜采用钢丝绳引导的高程控制方式，上面层宜采用平衡梁或雪橇式摊铺厚度控制方式，中面层根据情况选用找平方式。直接接触式平衡梁的轮子不得黏附沥青，铺筑改性沥青或 SMA 路面时宜采用非接触式平衡梁。

3. 摊铺温度

沥青路面施工必须有施工组织设计，并保证合理的施工工期。寒冷季节遇大风降温，不能保证迅速压实时不得铺筑沥青混合料。热拌沥青混合料的最低摊铺温度根据铺筑层厚度、气温、风速及下卧层表面温度按规范执行。每天施工开始阶段宜采用较高温度的混合料。

4. 松铺系数

沥青混合料的松铺系数应根据混合料类型经试铺试压确定。摊铺过程中，应随时检查摊铺层厚度及路拱、横坡。摊铺层的平均压实厚度利用一个评定周期内的沥青混合料总生产量、施工总面积、沥青混合料密度求得。

确定沥青混合料的松铺系数时应注意以下几点：

①沥青混凝土的松铺系数为 1.15 ~ 1.35，沥青碎石混合料的松铺系数为 1.15 ~ 1.30，不同混合料的松铺系数不同。

②不同型号熨平板的初压实能力不同，松铺系数也不相同。

③准确的松铺系数应在道路试验路段铺筑完成后经过实测确定。

（三）摊铺过程中的质量检验、质量缺陷及防止对策

1. 质量检验

（1）沥青含量的直观检查

若混合料又黑又亮，料车上的混合料呈圆锥状或混合料在摊铺机受料斗中"端动"，则表明沥青含量正常；若混合料特别黑亮，料车上的混合料呈平坦状或沥青结合料从骨料中分离出来，则表明沥青含量过大（或骨料没有充分烘干，表面上看起来沥青太多）；若混合料呈褐色，暗而脆，粗集料没有被完全裹覆，受料斗中的混合料不"蠕动"，则表明沥青含量太少（或过热，拌和不充分）。

（2）混合料温度检测

沥青混合料在正常摊铺和碾压温度范围内，往往冒出淡蓝色蒸汽。沥青混合料产生黄色蒸汽或缺少蒸汽分别说明温度过高或过低。通常在运料车到达工地时测定混合料的温度，有时在摊铺后测定。每天早晨要特别注意做这项检查，因此时下承层表面的温度和气温都比较低。只要混合料温度较低或初次碾压，而压路机跟不上时，就应测定温度。测量摊铺层的温度时，应将温度计的触头插进未压实的面层中部，然后周围轻轻用足踏实。目前，也有许多地方采用电接点温度计测定。

（3）厚度检测

摊铺机在摊铺过程中应经常检测虚铺厚度。

（4）表观检查

未压实混合料的表面结构无论是纵向还是横向都应均匀、密实、平整，无撕裂、小波浪、局部粗糙、拉沟等现象，否则应查明原因并及时处理。

2. 摊铺中的质量缺陷及防止对策

在沥青混合料的摊铺过程中，常见的质量缺陷主要有：厚度不准、平整度差（小波浪、台阶）、混合料离析、裂纹、拉沟等。产生这些质量缺陷的原因主要是机械本身的调整、摊铺机的操作和混合料的质量等方面。为了防止和消除在施工中可能发生的各种质量缺陷，在沥青混合料摊铺过程中应注意以下几点：

①波浪形基层的摊铺不必考虑摊铺厚度的均一性，实际的混合料用量应比理论计算值大。在波浪地段，即使摊铺得很平整，碾压后仍会出现与基层相似的波形。因此，对有大波浪的基层应在其凹陷处预先铺上一层混合料，并予以压实。

②摊铺机的操作及本身的调整对摊铺质量影响很大。一般非操作人员不准上、下摊铺机；不准在熨平板上放置物体，如水桶、工具等；不准随意调节熨平板的厚度调节手柄，厚度变化较大时，应查明原因，按坡度标准要求进行调节；纵向传感器与熨平板边沿的距离应当恒定，不能时远时近，特别是在有横坡的路段，该距离变化将引

起铺层厚度的变化；应时刻注意摊铺机的行走方向线，避免急掉方向；摊铺机的螺旋布料器应相应于摊铺速度调整到一个稳定的速度均衡转动，两侧应保持有不少于送料器 2/3 高度的混合料，以减少摊铺过程中混合料的离析。

③沥青混合料的性质也是影响摊铺质量的主要原因之一。混合料的性质不稳定，易使摊铺厚度发生变化，如温度过高，沥青量过多，矿粉掺量过多等都会使摊铺层变薄。当矿料中的大颗粒尺寸大于摊铺厚度时，在摊铺过程中该大颗粒将被熨平板拖着滚动，导致铺层产生裂纹、拉沟等，所以应严格控制矿料粒径，使其最大粒径小于摊铺厚度的一半。混合料的配合比不当会产生全铺层的裂缝，所以必须调整混合料的配合比。同时，在混合料摊铺过程中，用机械摊铺的混合料不宜用人工反复修整。当不得不由人工做局部找补或更换混合料时，需仔细进行，特别严重的缺陷应整层铲除。

④其他因素。摊铺过程中应设专人指挥自卸车的停车、起顶、卸料，防止自卸车撞击摊铺机。在雨季铺筑沥青路面时，应加强气象联系，已摊铺的沥青层因遇雨未行压实的应予以铲除。在路面狭窄部分、平曲线半径过小的匝道或加宽部分，以及小规模工程中不能采用摊铺机铺筑时，可用人工摊铺混合料。

四、沥青混合料的压实技术

压实是沥青混凝土路面施工的最后一道工序，目的是提高沥青混合料的强度、稳定性以及疲劳特性。若采用优质的筑路材料，精良的拌和与摊铺设备及良好的施工技术，则可以摊铺出较理想的混合料层。但一旦碾压中出现任何质量缺陷，则必将前功尽弃。因此，必须重视压实工作。

（一）压实机械的选择

压路机种类很多，目前最常用的压路机有静力光轮压路机、轮胎压路机和振动压路机。静力光轮压路机和轮胎压路机一般采用机械传动，振动压路机大多采用液压传动。

1. 静力光轮压路机

静力光轮压路机按其质量可分为特轻型（0.5 ~ 2t）、轻型（2 ~ 5t）、中型（5 ~ 10t）、重型（10 ~ 15t）和特重型（15 ~ 20t）5 种，按轮数可分为拖式、双轮式和三轮式 3 种。目前使用较多的是中型和特重型两轮或三轮压路机，依靠其自重或附加配重对路面产生静压力，单位直线静压力为 4000 ~ 12000kPa。两轮静力光轮压路机的后轮为驱动轮，其质量一般为 8 ~ 10t，适用于沥青路面的初压和终压。三轮静力光轮压路机也是两后轮为驱动轮，质量一般为 12 ~ 18t，由于其单位直线静压力大，易使混合料推移，且启动、停机不灵活，目前已不多用。

2. 轮胎压路机

轮胎压路机通常有 5 ~ 11 个光面橡胶碾压充气轮胎，工作质量一般为 5 ~ 25t。目前常用前 5 轮、后 6 轮的 9 ~ 16t 机型，轮胎压力为 500 ~ 620kPa。使用轮胎压路机进行初压时产生的推移小，过去使用较多。但使用轮胎压路机进行初压时，由于混合料温度较高而易出现轮胎压痕，在低温季节或大风环境中混合料的温度下降较快，该痕迹难以被后续的碾压作业消除。轮胎压路机目前主要用作中间碾压，利用其揉压作用可以有效提高压实度，减少静力压路机碾压后表面产生的细裂纹和孔隙。应用轮胎压路机压实摊铺侧边时对路缘石的擦边碰撞破坏也较小。当铺层温度较高时（大于80℃）不宜用轮胎压路机进行终压，以免留有轮胎印痕。

3. 振动压路机

振动压路机的压实功主要来自自重和钢轮振动的共同作用。沥青路面施工常用的振动压路机质量为 7 ~ 18t，激振力为 150 ~ 300kN，主要机型为单碾压轮式振动压路机和双碾压轮式（串联）振动压路机。单碾压轮式振动压路机前面有 1 个振动轮，后面配置 2 个橡胶驱动轮。由于其轮胎的印花较深，且自重和激振力较大，通常只用作复压。双碾压轮式振动压路机依靠 2 个碾压轮共同驱动，具有可调的振频和振幅，目前使用最为广泛。

沥青路面施工应配备足够数量的压路机，选择合理的压路机组合方式及初压、复压、终压（包括成型）的碾压步骤，以达到最佳碾压效果。在高速公路上铺筑双车道沥青路面的压路机不宜少于 5 台。当施工气温低、风大、碾压层薄时，压路机的数量应适当增加。

（二）碾压速度、温度和厚度

1. 碾压速度

压路机应以慢而均匀的速度碾压，碾压路线及碾压方向不应突然改变而导致混合料推移。碾压区的长度应大致恒定，两端的折返位置应随摊铺机的前进而推进，横向不得在相同的断面上。

2. 碾压温度

压路机的碾压温度应符合相关要求，并根据混合料种类、压路机、气温、层厚等经试压确定。在不产生严重推移和裂缝的前提下，初压、复压、终压都应在尽可能高的温度下进行。同时，不得在低温状况下反复碾压，以免石料棱角被磨损、压碎，破坏集料嵌挤。

3. 碾压厚度

沥青混凝土压实层的最大厚度不宜大于100mm，沥青稳定碎石混合料的压实层厚度不宜大于 120mm，但当采用大功率压路机且经试验证明能达到压实度时允许增大到 150mm。

（三）碾压作业程序

碾压分为初压、复压和终压三道工序。

1. 初压

初压的目的是整平和稳定沥青混合料，同时为复压创造有利条件，因此要注意压实的平整性。初压应紧跟摊铺机后进行，并保持较小的初压区长度，以尽快将表面压实，减少热量散失。摊铺后初始压实度较大，经实践证明采用振动压路机或轮胎压路机直接碾压无严重推移而有良好效果时，可免去初压而直接进入复压工序。通常宜采用钢轮压路机静压 1 ~ 2 遍。碾压时应将压路机的驱动轮面向摊铺机，从外侧向中心碾压，在超高路段则由低处向高处碾压，在坡道上应将驱动轮从低处向高处碾压。初压后应检查平整度、路拱，有严重缺陷时应进行修整乃至返工。

2. 复压

复压的目的是使沥青混合料密实、稳定、成型，混合料的密实程度取决于复压，因此复压必须与初压紧密衔接，不得随意停顿。压路机碾压段的总长度应尽量小，通常不超过 60 ~ 80m。采用不同型号的压路机组合碾压时，宜安排每一台压路机做全幅碾压，以防止不同部位的压实度不均匀。

密级配沥青混凝土的复压宜优先采用重型轮胎压路机进行搓揉碾压，以增强密水性，其总质量不宜小于 25t，每一轮胎的压力不小于 15kN。相邻碾压带应重叠 1/4~1/2 的碾压轮宽度，压完全幅为一遍。碾压至要求的压实度，且无显著轮迹为止。总的碾压遍数由试压确定，且不宜少于 4 ~ 6 遍。

对于以粗集料为主的较大粒径的混合料，尤其是大粒径沥青稳定碎石基层，宜优先采用振动压路机复压。厚度小于 30mm 的薄沥青层不宜采用振动压路机碾压。振动压路机的振动频率宜为 35 ~ 50Hz，振幅宜为 0.3 ~ 0.8mm。层厚较大时选用低频率、大振幅，以产生较大的激振力；厚度较小时采用高频率、低振幅，以防止集料破碎。相邻碾压带重叠宽度为 100 ~ 200mm。振动压路机折返时应先停止振动。

当采用三轮钢筒式压路机时，总质量不宜小于 12t，相邻碾压带宜重叠后轮的 1/2 宽度，并不应小于 200mm 。

3. 终压

终压的目的是消除轮迹，形成平整的压实面，因此这道工序不宜采用重型压路机在高温下完成，否则会影响平整度。终压应紧接在复压后进行，如经复压后已无明显轮迹，可免去终压。

终压可选用双轮钢筒式压路机或关闭振动的振动压路机进行，碾压不宜少于2遍，至无明显轮迹为止。对未压实的边角应辅以小型机具压实。

（四）碾压注意事项

为保证沥青混合料的压实质量，在碾压过程中还应注意以下事项：

①碾压过程中，碾压轮应保持清洁，有混合料沾轮时应立即清除。对钢轮可涂刷隔离剂或防黏结剂，但严禁刷柴油。当采用向碾压轮喷水（可添加少量表面活性剂）的方式时，必须严格控制喷水量且使其呈雾状，不得漫流，以防混合料降温过快。轮胎压路机在开始碾压阶段可适当烘烤，涂刷少量隔离剂或防黏结剂，也可少量喷水，并先到高温区碾压使轮胎尽快升温，之后停止洒水。轮胎压路机轮胎外围宜加设围裙保温。

②压路机不得在未碾压成型的路段上转向、掉头、加水或停留。在当天成型的路面上，不得停放各种机械设备或车辆，不得散落矿料、油料等杂物。

③路边碾压。压路机在设有支承边的厚层上碾压时，可在离边缘30～40cm（较薄层时，预留20cm）处开始碾压作业。这样就能在路边压实前形成一条支承侧面，以减少沥青混合料碾压时铺层塌边。在碾压留下的未压部分时，压路机每次只能向自由边缘方向推进10cm。

④弯道或交叉口碾压。应选用铰接转向式压路机作业，先从弯道内侧或弯道较低一边开始碾压（以利于形成支承边）。急弯处应尽可能采取直线式碾压（即缺角式碾压），并逐一转换压道，缺角处用小型机具压实。压实中应注意转向同速度要吻合，尽可能采用振动碾压，以减小剪切力。

⑤陡坡碾压。在陡坡碾压时，压路机的很大部分作用力将作用于下坡方向，因而增加了混合料顺坡下移的趋势。为抵消这种趋势，除了下承层表面必须清洁、干燥，喷撒黏层油外，压实时还应注意先采用轻型压路机进行预压（轮胎压路机不宜用作预压）。无论是上坡还是下坡，压路机的从动轮应始终朝着摊铺方向，驱动轮在后（与一般路段碾压时相反）。这样从动轮起到了预压作用，从而使沥青混合料能够承受驱动轮所产生的剪切力。如果采用振动压路机，应先静碾，待混合料稳定后方可采用低振幅的振动碾压。在陡坡碾压中，压路机的启动、停止、变速要平稳，避免速度过高或过低，同时沥青混合料的温度也不宜过高（取压实时温度范围的下限为宜）。

⑥SMA路面。SMA路面宜采用振动压路机或钢筒式压路机碾压，不宜采用轮胎压路机碾压，以防将沥青结合料搓揉、挤压、上浮。振动压路机应遵循"紧跟、慢压、高频、低幅"的原则，即紧跟在摊铺机后，采取高频率、低振幅的方式慢速碾压。一般情况下，用10t钢筒式压路机紧跟摊铺机后初压1～2遍，复压时静碾3～4遍

或振动碾压 2 ～ 3 遍，最后用较宽的钢筒式压路机终压 1 遍即可，切忌过碾。如发现 SMA 混合料高温碾压有推拥现象，应复查其级配是否合适。

⑦ OGFC 路面。OGFC 路面宜采用小于 12t 的钢筒式压路机碾压。

五、接缝处理

沥青路面必须接缝紧密，连接平顺，不得产生明显的接缝离析。接缝处若处理不当极易产生病害，施工过程中必须十分注意。在接缝处，上、下层的纵缝至少应错开 15cm（热接缝）或 30 ～ 40cm（冷接缝），相邻两幅及上、下层的横向接缝均应错开 1m 以上。接缝处施工应用 3m 直尺检查，确保平整度符合要求。

（一）纵向接缝

①摊铺时采用梯队作业的纵缝应采用热接缝，将已摊铺部分留下 100 ～ 200mm 宽暂不碾压，作为后续摊铺部分的基准面，待后续摊铺部分碾压时采用跨缝碾压以消除缝迹。

②半幅施工或因特殊原因而产生纵向冷接缝时，宜加设挡板或用切刀切齐，也可在混合料尚未完全冷却时用镐刨除边缘留下毛茬，但不宜在冷却后采用切割机作纵向切缝。加铺另半幅前应涂撒少量沥青，重叠在已铺层上 50 ～ 100mm，再铲走铺在前半幅上的混合料，碾压时由边向中碾压，预留 100 ～ 150mm，再跨缝挤紧压实。或者先在已压实路面上行走碾压新铺层 150mm 左右，然后压实新铺部分。

（二）横向接缝

横向接缝的形式有斜接缝、阶梯形接缝和平接缝。在具体选择过程中应满足以下要求：

①高速公路和一级公路表面层的横向接缝应采用垂直的平接缝，以下各层可采用自然碾压的斜接缝，沥青层较厚时也可做阶梯形接缝。其他等级公路的各层均可采用斜接缝。

②斜接缝的搭接长度与层厚有关，宜为 0.4 ～ 0.8m。搭接处应撒少量沥青，混合料中的粗集料颗粒应予以剔除，并补上细料，以使搭接平整，充分压实。阶梯形接缝的台阶经铣刨而成，并撒黏层油，搭接长度不宜小于 3m。

③平接缝宜趁尚未冷透时用凿岩机或人工垂直刨除端部层厚不足的部分，使工作缝成直角连接。当采用切割机制作平接缝时，宜在铺设当天混合料冷却但尚未硬结时进行。刨除或切割不得损伤下层路面。切割时留下的泥水必须冲洗干净，待干燥后涂刷黏层油。铺筑新混合料前，应加热接茬使其软化。碾压开始时，先用钢筒压路机进

行横向碾压，可将压路机位于已压实的混合料层上，跨缝伸入新铺层宽150mm碾压。每压一遍向新铺混合料方向移动150～200mm，直至全部在新铺路面上为止。然后改为纵向碾压，此时应注意不要在横接缝上垂直碾压，以免引起新旧层错台。

热拌沥青混合料路面应待摊铺层完全自然冷却，混合料表面温度低于50℃后，方可开放交通。需要提早开放交通时，可洒水以降低混合料温度。铺筑好的沥青层应严格控制交通，做好保护，保持整洁，不得造成污染，严禁在沥青层上堆放施工产生的土或杂物，严禁在已铺沥青层上制作水泥砂浆。

第二节　水泥混凝土路面施工

水泥混凝土路面是由混凝土（包括素混凝土、碾压混凝土、钢筋混凝土和钢纤维混凝土等）面层板组成的路面。其中，应用最普遍的是就地浇筑的素混凝土路面，简称普通混凝土路面或混凝土路面。

一、水泥混凝土路面施工概述

水泥混凝土路面主要有小型机具、三辊轴、轨道摊铺机、碾压混凝土和滑模摊铺机铺筑五种施工方法。

无论采用何种施工方式，施工前都要做好准备工作。准备工作是保证施工顺利进行和施工质量的前提，具体工作有以下几个方面：

①编制好施工组织设计，建立、健全全面质量管理体系。

②做好现场清理和水电供应、施工道路、拌和站建设、办公生活用房等辅助设施建设。

③进行原材料的准备和性能检验，以及混凝土配合比检验、调整。

④对基层的平整度、压实度、高程、横坡等指标进行检查和处理、修整，并洒水湿润。

⑤严格按要求安装模板。

（一）小型机具施工

由于我国经济水平的限制和施工的需要，虽然小型机具施工慢，人为影响较严重，但由于其施工操作简易，维修方便，故目前仍然得到了广泛应用，在二级以下公路建设中仍占很大比例。

（二）三辊轴施工

三辊轴机组是介于小型机具和滑模摊铺机之间的一种中型施工设备，比滑模摊铺机成本低，适应性强，操作简单、方便，能达到较高的平整度。自20世纪90年代以来，其在我国得到了广泛应用。其施工工艺流程与小型机具施工接近，不同之处有两点：一是使用排式振捣机代替手持式振捣棒，二是将振捣梁与滚杠两步工序合为三辊轴整平机一步。三辊轴施工时，推荐使用真空脱水工艺和硬刻槽来保证表面的耐磨性和抗滑性。

（三）轨道摊铺机施工

轨道摊铺机施工是指在基层上铺设两条轨道板，作为路面侧向支撑和路型定位模板，顶部作为路面表面基准，施工机械在轨道上进行布料，之后振动密实、成型、修整、拉毛、养生的水泥混凝土路面施工方法。轨道摊铺机是由摊铺机、整面机、修光机等组成的摊铺列车。轨道既是列车的行驶轨道，又是水泥混凝土的模板。摊铺机上装有摊铺器（即布料器），用来将倾卸在路面基层上的水泥混凝土按一定厚度均匀摊铺在基层上，在此过程中轨道是固定不动的。

轨道摊铺机的优点是可以倒车反复做路面；缺点是轨模过重，轨模安装劳动强度大。从国内外水泥混凝土路面大型机械化施工技术的发展角度看，轨道摊铺机铺筑方式有被滑模摊铺机取代的明显趋势，凡是可使用轨道摊铺机的场合，均可使用滑模摊铺机。现行《公路水泥混凝土路面施工技术细则》（JTG/T F30-2014）中已取消了轨道摊铺机施工方法。

（四）碾压混凝土施工

碾压混凝土路面是指水泥和水的质量较普通混凝土显著减少的水泥混凝土拌合物经摊铺、碾压后成型的路面。碾压混凝土路面施工技术是利用沥青混凝土摊铺机铺筑碾压混凝土的施工方法。

为保证高等级公路水泥混凝土路面的施工质量，必须从拌和、运输、摊铺直至养生成型均采用机械化施工与现代化的质量检测手段。在高等级公路水泥混凝土路面的各种施工方法中，滑模摊铺机施工是最常用的施工方式。

二、滑模摊铺机施工

滑模摊铺技术具有施工质量最高、施工速度最快、装备现代化高新成熟技术的特点，是我国高速公路、一级公路水泥混凝土路面施工的首选方法。滑模摊铺机施工不需要轨道板，依靠四个液压缸支承腿控制的履带行走机构行走。整个摊铺机支承在四个液压缸上，它可以控制机构上、下移动，调整摊铺层厚度。在摊铺机的两侧设置有随机移动的固定滑模板。这种摊铺机一次通过就可以完成摊铺、捣实、整平等多道工序。首先由螺旋摊铺器把堆积在基层上的水泥混凝土向左右铺开，刮平器进行初步刮平，然后振捣器进行捣实，刮平器进行振捣后整平，形成密实而平整的表面，再利用搓动式振捣板对混凝土层进行振实和整平，最后用光面带饰面。滑模摊铺机的整面工作与轨道摊铺机基本相同，只是工作时工作装置均由电子液压操作机械来控制。

（一）机械选型与配套设备

1. 机械选型

高速公路、一级公路施工时宜选配能一次摊铺 2 ~ 3 个车道宽度（7.5 ~ 12.5m）的滑模摊铺机，二级及二级以下公路的最小摊铺宽度应小于单车道设计宽度。硬路肩的摊铺宜选配中、小型多功能滑模摊铺机，并宜连体一次摊铺路缘石。

2. 布料设备选择

滑模摊铺路面时，可配备 1 台挖掘机或装载机辅助布料。采用前置钢筋支架法设置缩缝传力杆的路面、钢筋混凝土路面、桥面和桥头搭板时，应选择下列适宜的布料机械：侧向上料的布料机、侧向上料的供料机、带侧向上料机构的滑模摊铺机、挖掘机加料斗侧向供料、吊车加短便桥钢凳、车辆直接卸料、吊车加料斗起吊布料。

3. 抗滑构造机械

为提高路面的抗滑性，路面必须具有一定的粗糙度，即具有抗滑构造。抗滑构造施工可采用拉毛养生机或人工软拉槽制作抗滑沟槽。工程规模大、日摊铺进度快时，宜采用拉毛养生机。高速公路、一级公路宜采用刻槽机进行硬刻槽。其刻槽作业宽度不宜小于 500mm，所配备的硬刻槽机数量及刻槽能力应与滑模摊铺进度相匹配。

4. 切缝机械

滑模摊铺混凝土路面的切缝，可使用软锯缝机、支架式硬锯缝机和普通锯缝机。配备的锯缝机数量及切缝能力应与滑模摊铺进度相匹配。

5. 滑模摊铺系统机械配套

无论是哪种设备，首先必须满足施工路面、路肩、路缘石和护栏等的基本施工要求；其次，摊铺机的工作配件要齐全，滑模摊铺机应配备螺旋或刮板布料器、松方高度控制板、振动排气仓、足够的振捣棒、夯实杆或振动搓平梁、自动抹平板、可提升边模板、侧向及中部打拉杆装置，必要时还可配备自动传力杆插入装置。

滑模摊铺现场配套设备分为重型设备和轻型设备。重型设备配置有布料机、摊铺机和拉毛养生机。其优点是施工钢筋混凝土路面和桥面时很便捷；缺点是设备多，出故障的概率高。轻型设备配置有 1 台摊铺机。其缺点是人工辅助工作量大，且需要其他设备辅助施工钢筋混凝土桥面。但实际经验证明，轻型设备也能施工优质混凝土路面，国内滑模施工最快的日进度和最高的平整度均在轻型设备上实现。

施工单位应根据工程特点，选择配备布料机、滑模摊铺机和拉毛养生机 3 台设备联合施工方式，也可只配备 1 台滑模摊铺机，其他的由人工辅助施工完成。滑模连续摊铺规模较大的钢筋混凝土路面、桥面、桥头搭板时，宜配备侧向上料的布料机或自带侧向上料机构的滑模摊铺机。

（二）基准线设置

1. 基准线形式

滑模摊铺混凝土路面施工应设置基准线。基准线的设置形式视施工需要可采用单向坡双线式、单向坡单线式和双向坡双线式三种。

（1）单向坡双线式

所摊铺的混凝土面板横向坡度为单向坡，而拉线位于摊铺机两侧（双线），这种拉线形式称为单向坡双线式。拉线间距反映路面横坡宽度，顺直段平面上的两条拉线长度相等并平行。

（2）单向坡单线式

所摊铺的混凝土面板横向坡度为单向坡，而拉线仅位于摊铺机其中一侧（单线），已铺筑好的一侧不拉线，这种拉线形式称为单向坡单线式。该种拉线形式在路面分两幅以上摊铺的情况下，于后幅摊铺时采用。此时，修筑好的路面、边沟或路缘石可作为摊铺机不拉线一侧的平面参考系。

（3）双向坡双线式

所摊铺的混凝土面板横向坡度为双向坡，而拉线位于摊铺机两侧（双线），这种拉线形式称为双向坡双线式。顺直段上的两条拉线完全平行，且对应高程相等，拉线上设置有横坡。

2. 基准线宽度

基准线宽度除应保证摊铺宽度外，还应满足两侧 650 ~ 1000mm 横向间距的要求。

直线段基准线桩的纵向间距不应大于 10m，竖曲线、平曲线路段视曲线半径大小应加密布置，最小间距为 2.5m。

3. 线桩的固定

线桩固定时，基层顶面到夹线臂的高度宜为 450 ~ 750mm。基准线桩夹线臂夹口到桩的水平距离宜为 300mm，基准线桩必须钉设牢固。

4. 基准线长度

单根基准线的长度不宜大于 450m。

5. 基准线拉力

基准线拉力不应小于 1000N。

6. 基准线保护

准确安装、设置基准线极其重要，它是滑模施工水泥混凝土路面的"生命线"。基准线是为了给摊铺机上的 4 个水平传感器和 2 个方向传感器提供一个精确的与路面平行的水平（横坡）和纵向（转弯）几何参考系，路面摊铺的几何精度和平整度很大程度上取决于基准线的测设精度。水平参考系的精度一般是通过测桩水平面与基准线之间保持相同的距离来控制和保证的。基准线设置后，严禁扰动、碰撞和振动。一旦碰撞变位，应立即重新测量并纠正。多风季节施工时，应缩小基准线桩间距。

（三）摊铺现场准备

1. 机具设备

所有施工机具均应处于良好状态，试运转正常并全部就位。

2. 表面清理

基层、封层表面及履带行走部位应清扫干净。摊铺面板位置应洒水湿润，但不得积水。热天高温条件下，在旧有沥青或老路面加铺时，可喷撒白色石灰膏降温。基层上的降温和保温措施是为了使面板硬化，提供设计所需要的弯拉强度。

3. 纵缝处理

横向连接摊铺时，前次摊铺路面的纵缝溜肩胀宽部位应切割顺直。侧边拉杆应校直，缺少的拉杆应钻孔锚固植入。纵向施工缝的上半部缝壁应涂满沥青，以保证纵缝顺直及防止水进入。

4. 板厚检查

板厚控制必须在摊铺前的拉线上进行，并要求场站监督，否则摊铺后不合格很难弥补。施工中要随时注意检查和控制板厚。当板厚偏小时，铣刨基层的效果并不好，原因为：一是基层表面损伤有缝且基层厚度不足；二是基层部位与平整基层对面板的摩阻力相差过大，会造成路面运行前两年内断板数量大大增加。因此，必须严格控制基层标高；同时，在面板标高误差范围内，可适当调整面板（拉线）高程，但应在 30m 以上长度内调整。

（四）滑模摊铺机施工参数设定

滑模摊铺机各工作机构施工位置的正确设定是滑模摊铺技术中最关键的技术环节之一，也是滑模摊铺机调试工作中的主要内容。摊铺开始前，应对摊铺机进行全面的性能检查和正确的施工部件位置参数设定。若工作参数设置不正确，无论如何也摊铺不出高质量的路面，所以必须透彻了解振动黏度理论，并严格遵循摊铺机工艺设计原理，使每项工作参数都设定在正确摊铺的位置。

1. 振捣棒的位置

振捣棒下缘位置应在挤压底板最低点以上，振捣棒的横向间距大于 450mm，均匀排列；两侧最边缘振捣棒与摊铺边缘的距离不宜大于 250mm。

振捣棒的位置是保证面板不产生纵向收缩裂缝的关键。振捣棒随滑模摊铺机拖行时，将粗集料推开，会形成无粗集料的砂浆暗沟。由于砂浆的干缩量是混凝土的 20 倍，所以如果振捣棒掉下，摊铺后的路面将留有发亮的砂浆条带，路面必纵向开裂。在所有公路路面摊铺时，振捣棒的最低点位置必须设置在路表面以上。

2. 前倾角

挤压底板前倾角宜设置为 3° 左右，提浆夯板位置宜在挤压底板前缘以下 5 ~ 10mm。这是是否产生横向拉裂的关键要素。无须设置前倾角的滑模摊铺机可将挤压底板前后调水平。

3. 超铺角及搓平梁

设超铺角的摊铺机两边缘超铺高程，根据混合料的稠度应在 3 ~ 8mm 间调整。带振动搓平梁的摊铺机应将搓平梁前缘调整到与挤压板后缘高程相同，搓平梁的后缘比挤压底板后缘低 1 ~ 2mm，并与路面高程相同。

4. 位置校准

首次摊铺前，应在直线路段采用钉桩或基准线法校准滑模摊铺机挤压底板 4 角点的高程和侧模前进方向，4 个水平传感器控制挤压底板 4 角点的高程，2 个方向传感器进行导向控制。按路面设计高程、横坡度或路拱测量设定 2 ~ 3 根基准线或 4 ~ 6 个桩，将 6 个传感器全部挂到两侧基准线上，并检查传感器的灵敏度和反应方向。开动滑模摊铺机进入设置好的桩位或线位，调整水平传感器立柱高度，使滑模摊铺机挤压底板恰好落在经精确测量并设置好的木桩或基准线上，同时调整好滑模摊铺机机架前、后、左、右的水平度。令滑模摊铺机挂线自动行走，再返回校核 1 ~ 2 遍，正确无误后方可开始摊铺。

5. 复核测量

在开始摊铺的 5m 内，必须对摊铺出的路面标高、边缘厚度、中线、横坡度等技术参数进行复核测量。

①操作机手应根据测量结果及时而缓慢地在滑模摊铺机行进中反向旋转机上水平传感器立柱手柄，校准挤压底板摊铺路面的高程和横坡度，误差应在规定范围之内。及时调整拉杆打入深度和压力，以及抹平板的压力及边缘位置。

②检查摊铺中线时，应在设方向传感器的一侧，通过钢尺测量基准线到摊铺机侧模前后的横向距离，消除误差。

③禁止停机剧烈，以免严重影响平整度等质量指标。

④滑模机起步—调整—正常摊铺，应在 10m 内完成，并应将滑模摊铺机工作参数设置固定并保护起来，不允许非操作机手更改或撞动。

⑤第二天的连接摊铺应先检查滑模摊铺机挤压底板 4 个角点的位置，再将滑模摊铺机后退到前一天做了侧向收口工作缝的路面内，将挤压底板前缘对齐工作缝端部，开始摊铺。

需着重指出的是：摊铺中线误差的调整、消除，应通过在行进中调整方向传感器横杆距离实现，禁止停机调整，以防止路面出现剧烈调整的棱槽。若出现了严重影响平整度的棱槽，则部分路面必须重新摊铺。

（五）摊铺作业技术要领

摊铺过程中，滑模摊铺机与其他工艺不同的是必须一遍铺成，以达到振动密实、排气充分、挤压平整、外观规则的目标。因此，不可倒车重铺。要实现此目标，既不能漏振、欠振，造成麻面或拉裂，又不得过振、提浆过厚，形成塌边或溜肩现象。因此，振捣频率必须与速度、混合料稠度达到最优匹配。

1. 摊铺速度

滑模摊铺机操作应缓慢、匀速、连续不间断地进行。摊铺速度应根据拌合物稠度和设备性能控制为 0.5 ~ 3.0m/min，一般宜为 1m/min 左右。当混合料的稠度发生变化时，应首先调整振捣频率，然后改变摊铺速度，不得在混合料多时提高摊铺速度，然后随意停机等待、间歇摊铺。

2. 布料作业

①布料高度。无论采用哪种布料方式，滑模摊铺机前的料线高度都应控制在螺旋布料片最高点以下，并不得缺料。卸料、布料应与摊铺速度相协调。混凝土运到路面铺筑处卸下时，可以采用直接卸在基层上和用卸料机械卸到摊铺机内两种方法。直接将混凝土卸到基层上时，为防止混凝土离析，便于刮板摊铺，应尽可能卸成 2 ~ 3 堆。

②松铺高度。滑模摊铺机摊铺过程中，操作机手应随时调整松方高度以控制板进料位置，开始应略设高些，以保证进料。正常状态下，应保持振捣仓内的砂浆料位高于振捣棒 100mm 左右，料位高低波动宜控制在 ±30mm 以内。为防止因挤压力忽大忽小而影响平整度，挤压底板的料与振动仓内的混凝土之间应始终维持相互间压力的均衡。

3. 振捣频率

滑模摊铺机以正常速度施工时，振捣频率可在 6000 ~ 11000r/min 之间调整，宜采用 9000r/min 左右。应注意防止混凝土过振、漏振、欠振。操作机手应根据混凝土稠度的大小随时调整摊铺速度和振捣频率。当混凝土稠度较小时，应适当降低振捣频率，提高摊铺速度，但最高不得超过 3m/min，最小振捣频率不得小于 6000r/min；当混凝土稠度较大时，应提高振捣频率，但最大不得大于 11000r/min，并降低摊铺速度，最小速度宜控制为 0.5 ~ 1.0m/min。滑模摊铺机起步时，应先开启振捣棒振捣 2 ~ 3min，再行推进。摊铺机脱离混凝土后，应立即关闭振捣棒。

4. 纵坡施工

滑模摊铺机满负荷时可铺筑的路面最大纵坡坡度：上坡为 5%，下坡为 6%。上坡时，挤压底板前倾角宜适当调小，并适当调小抹平板压力；下坡时，前倾角宜适当调大，并适当调大抹平板压力。

5. 弯道和渐变段路面施工

滑模摊铺机施工的弯道半径不宜小于 50m，最大超高横坡坡度不宜大于 7%。滑模摊铺机摊铺弯道和渐变段路面时，在单向横坡处，滑模摊铺机应跟线摊铺，随时调整抹平板内外侧的抹面距离，防止压垮边缘。在双向路拱处，应向计算机中输入弯道和渐变段边缘及路拱的几何参数，计算机会自动形成路拱。进出渐变段时，应保证路拱的生成和消失，以及弯道渐变段路面几何尺寸的正确性。

6. 拉杆安装

单车道摊铺时，应视路面设计要求配置一侧或双侧打纵缝拉杆的机械装置。侧向拉杆打入装置的正确插入位置应在挤压底板的中下部或偏后部。拉杆打入方式分手推、液压、气压等几种方式，应力应满足一次打（推）到位的要求，不允许多次打入或人工后打。滑模摊铺是没有固定模板的快速施工方式，在毫无支撑的软混凝土路面边侧或中间打拉杆时容易造成塌边或破坏，要采取措施进行补救。

同时摊铺两个以上车道时，除侧向打拉杆的装置外，还应在假纵缝位置中间配置 1 个以上中间拉杆自动插入装置。该装置有前插和后插两种配置。前插时，应保证拉杆的设置位置；后插时，要消除插入上部混凝土的破损缺陷。有振动搓平梁和振动修复板的滑模摊铺机应选择机后插入方式，其他滑模摊铺机可采用机前插入方式。打入的拉杆必须处于路面板厚中间。中间和侧向拉杆打入的高低均不得大于 ±20mm，前后误差不得大于 ±30mm。

7. 砂浆表面厚度

操作机手应随时密切观察所摊铺路面的情况，注意调整和控制摊铺速度、振捣频率，以及夯实杆、振动搓平梁和抹平板的位置、速度和频率。软拉抗滑构造表面砂浆层厚度宜控制为 4mm，硬刻槽路面的砂浆表层厚度宜控制在 2mm 左右。

8. 连接摊铺

连接摊铺时，摊铺机一侧履带驶上前次路面的时间应控制在路面养护 7d 以后，最短不得少于 5d。同时，钢履带底部应铺橡胶垫或使用有挂胶履带的滑模摊铺机。纵向连接摊铺路面时，连接纵缝部位应进行人工整修，连接纵缝的横向平整度应符合相应规定的要求。用钢丝刷刷干净黏附在前幅路面上的砂浆，并刷出粗、细抗滑构造。高速公路、一级公路路面抗滑沟深平均值不应大于 3mm，极值不应大于 5mm；二、三级公路路面抗滑沟深平均值不应大于 5mm，极值不应大于 7mm。

（六）摊铺过程中的问题处理

①摊铺中应经常检查振捣棒的工作情况和位置。路面出现麻面或拉裂现象时，必须停机检查或更换振捣棒。摊铺后的路面上出现发亮的砂浆条带时，必须调高振捣棒的位置，使其底缘在挤压底板的后缘高度以上。

②摊铺宽度大于 7.5m 时，若左、右两侧拌合物稠度不一致，摊铺速度应按偏干一侧设置，并应将偏稀一侧的振捣棒频率迅速调小。

③应通过调整拌合物稠度、停机待料时间、挤压底板前倾角、起步及摊铺速度等措施控制和消除横向拉裂现象。

④摊铺中的滑模摊铺机停机等料最长时间超过当时气温条件下混凝土初凝时间的 4/5 时，应将滑模摊铺机迅速开出摊铺工作面，并做施工缝。

（七）路面修整

滑模摊铺过程中，应采用自动抹平板装置对路面进行抹面。对少量局部麻面和明显缺料部位，应在挤压板后或搓平梁前补充适量拌合物，由搓平梁或抹平板机械修整。滑模摊铺的混凝土面板在下列情况下，可用人工进行局部修整：

①人工操作抹面抄平器，精整摊铺后表面的小缺陷，但不得在整个表面加薄层修补路面标高。

②对纵缝边缘出现的倒边、塌边、漏肩现象，应顶侧模或在上部支方铝管进行边缘补料修整。

③对起步和纵向施工接头处，应采用水准仪抄平并采用大于 3m 的靠尺边测边修整。

（八）混凝土的养生

混凝土路面在铺筑完成或抗滑构造制作完毕后应立即开始养生。机械摊铺的各种混凝土路面、桥面及搭板宜采用喷洒养生剂，同时保湿覆盖的方式养生。在雨天或养生用水充足的情况下，也可采用覆盖保湿膜、土工毡、土工布、麻袋、草袋、草帘等洒水湿养生方式，不宜使用围水养生方式。

养生时间应根据混凝土弯拉强度的增长情况而定，不宜小于设计弯拉强度的80%。应特别注重前7d的保湿（温）养生，一般养生天数宜为14～21d，高温天不宜少于14d，低温天不宜少于21d。混凝土板养生初期，严禁人、畜、车辆通行，在达到设计强度40%后，行人可通行。在路面养生期间，平交道口应搭建临时便桥。面板达到设计弯拉强度后，方可开放交通。

（九）接缝施工

水泥混凝土路面接缝分为纵缝和横缝两大类。其中，横缝又分为缩缝、胀缝和施工缝，纵缝一般分为缩缝和施工缝。接缝是水泥混凝土路面的薄弱环节。接缝质量的好坏，直接影响行车的舒适性和路面的使用寿命。因此，对接缝应加以重视并认真做好接缝施工。

1. 纵缝施工

①纵向施工缝。当一次铺筑宽度小于路面宽度时，需要分幅施工，并应设置纵向施工缝。纵向施工缝的位置应避开轮迹，并与车道线重合或靠近，构造上可采用设拉杆平缝形式。当所摊铺的面板厚度大于等于260mm时，也可采用插拉杆的企口型纵向施工缝。采用滑模摊铺机施工时，纵向施工缝的拉杆可用摊铺机的侧向拉杆装置插入；采用固定模板施工时，应在振实过程中从侧模预留孔中手工插入拉杆；采用钢纤维混凝土施工时，由于纵缝中没有钢纤维提供拉力，所以应与普通水泥混凝土路面一样设置拉杆。

②纵向缩缝。当一次摊铺宽度大于4.5m时，应设置纵向缩缝。纵向缩缝应采用设置拉杆的假缝形式。纵向缩缝处应设置拉杆，可用人工或机械自动插入拉杆，并用切缝法施工假纵缝。纵缝位置应按车道宽度设置，并在摊铺过程中用专用的拉杆插入装置插入拉杆。

钢筋混凝土路面、桥面和搭板的纵缝拉杆可用横向钢筋延伸穿过接缝代替。钢纤维混凝土路面切开的假纵缝可不设置拉杆，纵向施工缝应设置拉杆。插入的侧向拉杆应牢固，不得松动、碰撞或拔出。若发现拉杆松脱或漏插，应在横向相邻路面摊铺前重新植入钻孔。当发现拉杆可能会被拔出时，宜进行拉杆拔出力（握裹力）检验。

2. 横缝施工

①横向施工缝。每日施工结束或因临时原因中断施工时，必须设置横向施工缝，其位置宜选在缩缝或胀缝处。设在缩缝处的横向施工缝应采用加传力杆的平缝形式；设在胀缝处的横向施工缝，其构造应与胀缝相同。

②横向缩缝。横向缩缝可等间距或变间距布置，应采用假缝形式。极重、特重和重交通荷载公路的横向缩缝，中等和轻交通荷载公路邻近胀缝或自由端部的 3 条横向缩缝，收费广场的横向缩缝，应采用设传力杆假缝形式。其他情况下用不设传力杆假缝形式。传力杆的设置应不妨碍相邻混凝土板的自由伸缩，钢筋表面应作防锈处理。

3. 胀缝施工

胀缝应与混凝土路面的中心线垂直，缝壁垂直于板面，宽度均匀一致，缝中不得有黏浆或坚硬杂物，相邻板的胀缝应设置在同一横断面上。普通混凝土路面、钢筋混凝土路面和钢纤维混凝土路面的胀缝间距视集料的温度膨胀性大小、当地年温差和施工季节综合确定。高温条件下施工时，可不设胀缝。常温条件下施工时，若集料温缩系数和年温差较小，可不设胀缝；若集料温缩系数或年温差较大，且路面两端构造物间距大于等于 500m，宜设一道中间胀缝。低温条件下施工时，若路面两端构造物间距大于等于 350m，宜设一道胀缝。胀缝宽宜为 20 ~ 25mm，缝内应设置填缝板和可滑动的传力杆。传力杆应采用光圆钢筋。传力杆的准确定位是胀缝施工成功的关键，传力杆固定端可设在缝的一侧或交错布置。胀缝传力杆的尺寸、间距和要求应与横向缩缝相同，最外侧传力杆与纵向接缝或自由边的距离宜为 150 ~ 250mm。

胀缝施工时应注意两点：一是保证钢筋支架和胀缝板准确定位，使机械或人工摊铺时不推移，支架不弯曲，胀缝板不倾斜，支架和胀缝板固定有力；二是胀缝板上部软嵌入临时木条，应保证该处缝宽均匀和边角完好直至填缝，防止胀缝板顶部提前开裂（即来不及硬切缝，已经弯曲断开，缝宽不一致）。

4. 切缝施工

贫混凝土基层、各种混凝土面层、加铺层、桥面和搭板的纵、横向缩缝均应采用切缝法施工。切缝作业应符合下列规定：

①横向缩缝。横向缩缝的切缝方式有全部硬切缝、软硬结合切缝和全部软切缝三种。切缝方式的选用，应根据施工期间该地区路面摊铺完毕到切缝时的昼夜温差确定。对于分幅摊铺的路面，应在先摊铺的混凝土板横缩缝已断开的部位做标记，在后摊铺的路面上应对齐已断开的横缩缝提前软切缝。有传力杆缩缝的切缝深度应为 1/4 ~ 1/3 板厚，最小不得小于 70mm；无传力杆缩缝的切缝深度应为 1/5 ~ 1/4 板厚，最小不得小于 60mm。

②纵向施工缝。高速公路、一级公路及路基高度大于等于 10m 的高边坡、软基及填挖交界路段、桥头搭板、桥面板的纵向施工缝，应在上半部涂满沥青，然后硬切缝并填缝。二级及以下公路一般路段的纵向施工缝在上半部涂满沥青后，可不切缝。

③纵向缩缝。对已插入拉杆的纵向假缩缝，切缝深度不应小于 1/4 ~ 1/3 板厚，最小切缝深度不应小于 70mm，纵、横缩缝宜同时切缝。

④缩缝宽度和填缝槽。缩缝的切缝宽度宜控制为 4 ~ 6mm，切缝时锯片晃度不应大于 2mm。可先用薄锯片锯切到要求深度，再使用 6 ~ 8mm 厚锯片或叠合锯片扩宽填缝槽，填缝槽深度宜为 25 ~ 30mm，宽度宜为 7 ~ 10mm。

⑤变宽度路面。在变宽度路面上，宜先切缝划分板宽。匝道上的纵缝宜避开轮迹位置，横缝应垂直于每块面板的中心线。变宽度路面上的缩缝允许切割成小转角的折线，相邻板的横向缩缝切口必须对齐，允许偏差不得大于 5mm。

（5）灌缝施工

混凝土板养生期满后，应及时灌缝。灌缝施工的各个工序应满足以下技术要求：

①清缝。灌缝前应先采用切缝机清除接缝中夹杂的砂石、凝结的泥浆等，再使用压力大于等于 0.5MPa 的压力水和压缩空气彻底清除接缝中的尘土及其他污染物，确保缝壁及内部清洁、干燥。缝壁检验以擦不出灰尘为灌缝标准。

②灌缝。采用常温聚氨酯和硅树脂等填缝料时，应按规定比例将两组分材料按 1h 灌缝量混拌均匀，随拌随用。当采用加热填缝料时，应将填缝料加热至规定温度。加热过程中应将填缝料熔化，搅拌均匀，并保温使用。

③灌缝质量控制。灌缝的形状系数（形状系数是指填缝料灌缝时的深度与宽度之比）宜控制在 2 左右，灌缝深度宜为 15 ~ 20mm，不得小于 15mm。先挤压嵌入直径为 9 ~ 12mm 的多孔泡沫塑料背衬条，再灌缝。灌缝顶面热天时应与板面齐平；冷天时应填为凹液面，中心低于板面 1 ~ 2mm。填缝必须饱满、均匀、厚度一致并连续贯通，填缝料不得缺失、开裂和渗水。

④灌缝料养护。常温施工时填缝料的养生期，低温天宜为 24h，高温天宜为 12h。加热施工时填缝料的养生期，低温天宜为 2h，高温天宜为 6h。在灌缝料养生期间应封闭交通。

对于路面胀缝和桥台隔离缝等，应在填缝前凿去接缝板顶部嵌入的木条，涂黏结剂后嵌入胀缝专用多孔橡胶条或灌进适宜的填缝料。当胀缝的宽度不一致或有啃边、掉角等现象时，必须灌缝。

（十）滑模摊铺结束后的工作要点

滑模摊铺结束后，应及时将摊铺机驶离工作面，先将所有传感器从基准线上脱开，并解除摊铺机上基准线自动跟踪控制，再升起机架，用水冲洗干净黏附的混凝土；已硬结在机架上的混凝土，应轻敲打掉。混凝土清理干净后，应对与混凝土接触的机件喷涂废机油或吹（揩）干防锈。同时，应对摊铺机进行当日保养，如加油加水、打润滑油等。

第五章 道路桥梁施工技术

第一节 混凝土简支梁施工

简支梁桥属于静定结构，它受力明确、构造简单、施工方便，是中小跨度桥梁中应用最广泛的桥型。简支梁桥的结构尺寸设计的系列化、标准化，有利于在工厂内或工地上广泛采用工业化制造，组织大规模预制生产，并利用起重设备或架桥机进行架设。

采用预制装配式的施工方法，可以节约模板及支架材料、降低劳动强度、提高质量、缩短工期，显著加快建桥速度。因此，国内外中小跨径的桥梁，绝大部分采用装配式的简支混凝土梁、钢梁或结合梁。

一、简支梁桥的分类

从梁的截面形式来区分，混凝土简支梁桥可以分为三种类型：板桥、肋板式桥和箱梁桥。其中，肋板式桥的横截面形式又主要有Ⅱ形和Ｔ形两种基本形式。

（一）板桥

板桥的承重结构就是矩形截面的钢筋混凝土或预应力混凝土板，其主要特点是构造简单、施工方便、建筑高度较小。板桥通常有三种结构形式，即装配式板桥、整体式板桥、组合式板桥。这三种结构形式的板式梁因结构上的差异而导致使用中受力与变形方面的不同，从而导致承载能力的不同，因而适用的场合和跨径也不同。

1.整体式板桥

整体式板桥是小跨径桥梁中常用的形式，因其具有结构整体性强、刚度大，成桥后桥面状况好等优势而得到广泛应用。

但整体式板桥的施工存在如下不便之处：需要现场浇筑，机械化程度低，施工速度慢，支架和模板使用量大，在架空太高或深水环境中难以施工等。

整体式板桥梁的截面形式主要有实心式、空心式、矮肋式。其通常在桥位处现场浇筑；当具有充分的吊装条件时，也可以先在桥下预制整体式板梁，然后吊装就位。整体式板桥在车辆等荷载的作用下，其变形和内力分布均表现为空间板结构的空间受力状态。受力时，发现其不但绕受力方向产生双向弯矩，而且由于弯曲曲率逐点不同，还将导致围绕法线的扭矩产生。因此，整体式板桥的承载能力优于装配式板桥。

2. 装配式板桥

装配式板桥一般由数块一定宽度的实心或空心预制板组成。各板利用板间企口缝填充混凝土相连接。在荷载作用下，每块板相当于单向受力的梁式窄板，除在主跨径方向承受弯曲外还承受通过板间接缝（铰缝）传递剪力而引起的扭转。因此，每块预制板除承受本板内的荷载外，还承受相邻板块作用而引起的竖向剪力和其他内力作用。由于其他内力与竖向剪力相比，对确定板的内力影响很小，所以设计中多采用铰接板（梁）法确定其板中内力。板中主要受力钢筋的数量由计算得到的内力确定。此外，在板中布置适量的构造钢筋以承受计算时忽略的某些内力。装配式板桥的截面形式有实心板、空心板两种。

3. 组合式板桥

组合式板桥通常采用"装配＋整体现浇"的方式成型，因而也称为叠合桥。施工中，通常在桥下将组合式板梁的底层分片预制成构件，然后在墩顶进行装配，最后以装配构件为底模，整体浇筑梁体部，从而完成组合式板桥的施工。

组合式板桥在荷载作用下的变形和受力与整体式板桥类似，属于双向受力弹性薄板。其刚度介于整体式板桥和装配式板桥之间。从组合式板桥的施工过程和成桥后的受力特点中可以看出，组合式板梁在施工过程中可以充分利用装配式板梁成桥的优点，先将部分梁体在桥下预制成构件，然后将预制构件安装于墩顶，作为上部梁体浇筑时的底模，从而大大减少了施工时所需的支撑和模板数量。组合式板梁在成桥之后又具有整体式板梁的承载能力，因此，在小跨度简支梁桥的建设中得到了广泛应用。

（二）肋板式桥

肋板式梁桥在横截面内形成明显肋形结构的梁桥称为肋板式梁桥，或简称肋梁桥。在此种桥上，梁肋（或称腹板）与顶部的钢筋混凝土桥面板结合在一起作为承重结构。由于肋与肋之间处于受拉区域的混凝土得到很大程度的挖空，显著减小了结构自重。特别对于仅承受正弯矩作用的简支梁来说，既充分利用了扩展的混凝土桥面板的抗压能力，又有效地发挥了集中布置在梁肋下部的受力钢筋的抗拉作用，从而使结构构造与受力性能达到理想的配合。与板桥相比，对于梁肋较高的肋梁桥来说，由于混凝土抗压和钢筋受拉所形成的力偶臂较大，因而肋梁桥也具有更大的抵抗荷载弯矩的能力。目前，中等跨径（20 ~ 25m以上）的简支梁桥通常多采用肋板式梁桥。

肋板式梁桥的横截面又分为∏形和 T 形两种基本形式。

1. ∏形截面

∏形截面的特点是：截面形状稳定，横向抗弯刚度大，梁的堆放、装卸和安装都方便，各∏形梁之间用穿过腹板的螺栓连接，但这种构件的制造较复杂。梁肋被分成两片薄的腹板，通常用钢筋网来配筋，难以做成刚度较大的钢筋骨架。设计经验证明，跨度较大时∏形梁桥的混凝土和钢筋用量都比下述的 T 形梁桥大，而且构件也重。故∏形梁桥一般只用于 6 ~ 12m 的小跨径桥梁，应用有限。

2.T 形截面

由若干个 T 形截面梁组成的桥，统称为 T（形）梁桥。在设计整体式 T 梁桥时，鉴于梁肋尺寸不受起重安装机具的限制，故可以根据钢筋混凝土体积最小的经济原则来确定截面尺寸。对于桥面不宽的双车道公路桥梁，只要建筑高度不受限制，往往以建造双主梁桥较为合理，主梁的间距可按桥梁全宽的 0.55 ~ 0.60 布置。有时为减小桥面板的跨径，还可在两主梁之间增设内小纵梁。

（三）箱形梁桥

箱形梁是指桥横截面形式为箱形的桥。由于箱形截面具有闭合性，当荷载作用于梁上任何位置时，箱形梁桥结构的所有组成部分（包括顶板、腹板、底板和翼板）将同时参与受力，使其具有较大的抗扭刚度和抗弯刚度，因而其可制作成薄壁结构，从而节省大量建造材料。同时，因为箱形梁桥顶、底板具有较大的面积，能有效地抵抗正、负弯矩的作用，所以满足较大跨度简支桥梁建设的需要。

此外，对于曲线半径较大的弯桥和变宽度的桥梁，采用小箱梁布置有较好的适应性，在设计中，通常根据现场条件，经技术、经济等多种因素的方案比选来确定最适宜的梁型。一般来说，整体现浇的梁桥具有整体性好、刚度大、易于做成复杂形状（如曲线桥、斜交桥、宽度变化的异形桥）等优点，但其施工速度慢，工业化程度较低，又要耗费大量支架模板材料。

二、混凝土简支梁桥施工

（一）支架与模板

1.支架

（1）支架的类型和结构

就地浇筑简支梁桥的上部结构时，应在桥孔位置搭设支架，以支承模板和钢筋混凝土以及其他施工荷载。支架的类型主要有以下几个。

①满布式木支架

满布式木支架常用于陆地、不通航的河道、桥墩不高或桥位处水位不深的桥梁。其形式可采用排架式、人字撑式或八字撑式。排架式是最简单的满布式支架，主要由排架和纵梁等部件组成，纵梁为抗弯构件，跨径一般不大于 4m。人字撑式和八字撑式支架构造较复杂，纵梁需加设可变形的人字撑或八字撑。因此，在浇筑混凝土时应适当安排浇筑程序，均匀、对称地进行浇筑，以防发生较大变形。此类支架的跨径可达 8m 左右。满布式木支架的排架，可设置在枕木或桩基上，基础需坚实可靠，以保证排架的沉陷值不超过规定要求。当排架较高时，为保证支架的横向稳定，除在排架上设置撑木外，还需在排架两端外侧设置斜撑木或斜立柱。满布式支架的卸落设备一般采用木楔、木马或砂筒等，可设置在纵梁支点处或桩顶帽木上面。

②钢木混合支架

钢木混合支架为加大支架跨径、减少排架数量，支架的纵梁可采用工字钢，其跨径可达 10m。但在这种情况下，支架多采用木框架结构，以提高支架的承载力及稳定性，其各项参考数值可查看《五金手册》。

③万能杆件拼装支架

用万能杆件可拼装成各种跨度和高度的支架，其跨度需与杆件本身长度成整数倍。用万能杆件拼装的架的高度，可达 2m、4m、6m 或 6m 以上。当高度为 2m 时，腹杆拼为三角形；高度为 4m 时，腹杆拼为菱形；高度超过 6m 时，则拼成多斜杆的形式。用万能杆件拼装墩架时，柱与柱之间的距离应与桁架之间的距离相同，柱高除柱头及柱脚外应为 2m 的倍数。用万能杆件拼装的支架，在荷载作用下的变形较大，而且难以预计其数值。因此，必要时应考虑预压重。预压质量相当于浇筑的混凝土及其模板和支架上机具、人员的质量。

④装配式公路钢桥架节拼装支架

用装配式公路钢桥桁架节可拼装成桁架梁和支架，为加大桁架梁孔径和利用墩台做支承，也可拼成八字斜撑以支撑桁架梁。桁架梁与桁架梁之间，应用抗风拉杆和木斜撑等进行横向联结，以保证桁架梁的稳定。用装配式公路钢桥桁架节拼装的支架，在荷载作用下的变形很大，因此应进行预压。

⑤轻型钢支架

桥下地面较平坦、有一定承载力的梁桥，为节省木料，宜采用轻型钢支架。轻型钢支架的梁和柱，以工字钢、槽钢或钢管为主要材料，斜撑、联结系等可采用角钢；构件应制成统一规格和标准；排架应预先拼装成片或组，并以混凝土、钢筋混凝土枕木或木板作为支承基底。为了防止冲刷，支承基底须埋入地面以下适当深度。为适应桥下高度，排架下应垫以一定厚度的枕木或木楔等。为便于支架和模板的拆卸，纵梁支点处应设置木楔。

⑥墩台自承式支架

在墩台上留下承台式预埋件，上面安装横梁及架设适宜长度的工字钢或槽钢，即构成模板的支架。这种支架适用于跨径不大的梁桥，但支立时仍须考虑梁的预拱度、支架梁的伸缩以及支架和模板的卸落等所需条件。

⑦模板车式支架

这种支架适用于跨径不大、桥墩为立桩式的多跨梁桥的施工。在墩柱施工完毕后即可立即铺设轨道，拖进孔间，进行模板的安装，这种方法可简化安装工序、节省安装时间。当上部构造混凝土浇筑完毕，且强度达到要求后，模板车即可整体向前移动，但移动时须将斜撑取下，将插入式钢梁节段推入中间钢梁节段内，并将千斤顶放松。

（2）支架的制作要求

支架宜采用标准化、系列化、通用化的钢构件制作拼装；制作木支架时，两相邻立柱的连接接头宜分设在不同的水平面上，并应减少长杆件接头。主要压力杆的接长连接，宜使用对接法，采用木夹板或铁夹板夹紧；次要构件的连接可采用搭接法。

（3）支架的安装要求

支架应按施工图设计的要求进行安装。立柱应垂直，节点连接应可靠。支架在纵桥向和横桥向均应加强水平、斜向连接，增强整体稳定性。高支架应设置足够的斜向连接、扣件或缆风绳，横向稳定应有保证措施。

应通过预压的方式，消除支架地基的不均匀沉降和支架的非弹性变形，并获取弹性变形参数，或检验支架的安全性。预压荷载宜为支架需承受全部荷载的 1.05 ～ 1.10 倍，预压荷载的分布应模拟需承受的结构荷载及施工荷载。

支架在安装完成后，应对其平面位置、顶部高程、节点连接及纵横向稳定性进行全面检查。检查符合要求，方可进行下一工序。

（4）设置支架的预拱度和卸落装置

设置的预拱度值，应包括结构本身需要的预拱度和施工需要的预拱度两部分。

施工预拱度应考虑下列因素：模板、支架承受施工荷载引起的弹性变形；受载后由于杆件接头的挤压和卸落装置压缩而产生的非弹性变形；支架地基在受载后的沉降变形。

专用支架应按其产品的要求进行模板的卸落；自行设计的普通支架应在适当部位设置相应的木楔、木马、砂筒或千斤顶等卸落装置，并应根据结构形式、承受的荷载大小确定卸落量。支架制作、安装质量应分别符合模板、支架的制作、安装质量标准。

2. 模板

（1）模板的类型与结构

就地浇筑的桥梁模板主要有木模和钢模。模板形式的选择主要取决于同类桥跨结构的数量和模板材料的供应。

当建造单跨或跨度不等的多跨桥梁结构时，一般采用木模；而对于多跨相同跨径的桥梁，可采用大型模板块件组装或采用钢模。模板制造宜选用机械化的方法，以保证模板形状的正确和尺寸的精度。模板制作尺寸偏差、表面平整度和安装偏差均应符合有关规定，尤其要保证模板具有足够的强度、刚度和稳定性。

木模包括用胶合板制成的大型整体定型的块件模板，以及局部构造较复杂部位采用的模板。大型整体定型的块件模板可按结构要求预先制作，然后在支架上用连接件迅速拼装。钢模大多做成块件，由钢板和加劲骨架焊接而成，钢板厚度通常为 4mm ～ 8mm。骨架由水平肋和竖向肋组成，肋由钢板或角钢做成。大型钢模块件用螺栓或销钉连接。对于多次周转使用的钢模，在使用前应用化学方法或机械方法清扫，在浇筑混凝土前，应在模板内壁涂脱模剂，以利脱模。

（2）模板的制作与使用要求

模板虽然是施工中的临时性结构，但对于梁体的制作十分重要。模板不仅控制着梁体尺寸的精度，直接影响施工进度和混凝土的灌筑质量，而且关系到施工安全。因此模板应符合下列要求：

具有足够的强度、刚度和稳定性，能安全可靠地承担施工中可能出现的各种荷载。保证结构的设计形状、尺寸及各部分相互之间位置的准确性。模板的接缝必须密合，确保混凝土浇筑过程中不漏浆。构造简单，拆装方便，便于周转使用，应尽量做成装配式组件或块件。

3. 预拱度的设置与计算

（1）预拱度的设置

在简支梁就地浇筑施工过程中，模板和支架因承受巨大的混凝土荷载作用而产生弹性和非弹性变形。如果不加以控制，势必导致现浇梁成型后跨中起拱。为避免这种情况的发生，保证桥梁竣工后线形准确，在进行模板与支架安装时须设置一定的预拱度。设置预拱度时应考虑下列因素。

卸架后上部构造自重及 1/2 活荷载产生的竖向挠度 δ_1；支架在荷载作用下的弹性压缩量 δ_2；支架在荷载作用下的非弹性变形量 δ_3；支架基础在荷载作用下的非弹性沉降量 δ_4，由混凝土收缩及温度变化引起的挠度。

根据梁的挠度和支架变形所计算出来的变形值之和，为支架体系预拱度的最大值。预拱度设置的位置在梁的跨径中点，其余各点的预拱度以中间点为最高值，以梁的两端为 0，呈直线或二次抛物线形式分布。

（2）预拱度的计算

如上所述，上部构造和支架的各项变形值之和即为应设置的预拱度。各项变形值可按下列方法计算。

针对恒荷载和活荷载设置预拱度，其值等于恒荷载加 1/2 静活荷载所产生的竖向挠度，当恒荷载和静活荷载产生的挠度不超过跨径的 1/1600 时，可不设置相应的预拱度。

满布式支架的弹性变形量。当支架杆件的长度为 L，压力分布为 p 时，其弹性变形量 $\delta_2 = pL/E$。当支架为桁架等形式时，应按具体情况计算其弹性变形量。

支架在每个接缝处的非弹性变形量。在一般情况下，横纹木料与顺纹木料的非弹性变形量均为 3mm，木料与金属或木料与圬工接缝处的非弹性变形量为 1～2mm，顺纹与横纹料接处的非弹性变形量为 2.5mm。

卸落设备的压缩量。砂筒内砂粒压缩量和金属筒变形的弹性压缩量应根据压力大小、沙子细度模量及筒径、筒高确定。

一般情况下，20t 压力砂筒的压缩量为 4mm，40t 压力砂筒的压缩量为 6mm；砂子未预先压紧时的压缩量为 10mm。

（二）钢筋的制作与安装

1. 准备工作

（1）钢筋的检查与保管

①钢筋的外观检查和力学性能检查

进场钢筋应具有出厂质量证明书和试验报告单。进场时除应检查外观和标志外，还应按不同的钢种、等级、牌号、规格及生产厂家分批抽取试样进行力学性能检验，检验试验方法应符合现行国家标准的规定。钢筋经进场检验合格后方可使用。

②钢筋的保管

钢筋进场后，应妥善保管，具体应做到以下几点：钢筋堆放选择在地势较高处，上用料棚遮盖，下设垫块，不能直接置于地面；钢筋应按不同钢种、等级、牌号、规格及生产厂家等分类挂牌堆放，并标明数量；钢筋在运输过程中应避免锈蚀、污染或被压弯。

（2）钢筋的调直

直径 10mm 以下的细钢筋多卷成盘形，粗钢筋常弯成"发卡"形，以便运输和储存。因此，运到工地的钢筋应先调直。

采用冷拉方法调直钢筋时，HPB235 级钢筋的冷拉率不宜大于 2%；HRB335 级、

HRB400级钢筋的冷拉率不宜大于1%。钢筋的形状、尺寸应按照设计的规定进行加工，加工后的钢筋，其表面不应有削弱钢筋截面的痕迹。

（3）钢筋的除锈

钢筋表面应洁净、无损伤，使用前应将表面的油渍、漆皮、鳞锈等清除干净，保证钢筋与混凝土间的黏结力得以充分发挥。可用钢丝刷或喷枪喷砂进行除锈去污，也可将钢筋在砂堆中来回抽拉以除锈去污。带有颗粒状或片状老锈的钢筋不得使用；当除锈后钢筋表面有严重的麻坑、斑点，已伤蚀截面时，应降级使用或剔除不用。

2. 钢筋的连接

（1）焊接

钢筋的焊接接头宜采用闪光对焊，或采用电弧焊、电渣压力焊或气压焊，但电渣压力焊仅可用于竖向钢筋的连接，不得用作水平钢筋和斜筋的连接钢筋焊接接头形式。焊接的方法和材料应符合现行行业标准《钢筋焊接及验收规程》的规定。

每批钢筋焊接前，应先选定焊接工艺和焊接参数，按实际条件进行试焊，并检验接头外观质量及规定的力学性能，试焊质量经检验合格后方可正式施焊。焊接时，对施焊场地应有适当的防风、防雨、防雪、防严寒的设施。

电弧焊宜采用双面焊缝，仅在双面焊无法施焊时，方可采用单面焊缝。

采用搭接电弧焊时，两钢筋搭接端部应预先折向一侧，两接合钢筋的轴线应保持一致；采用帮条电弧焊时，绑条应采用与主筋相同的钢筋，其总截面面积不应小于被焊接钢筋的截面面积。电弧焊接头的焊缝长度，双面焊缝不应小于5d，单面焊缝不应小于10d（d为钢筋直径）。电弧焊接与钢筋弯曲处的距离不应小于10d，且不宜位于构件的最大弯矩处。

（2）机械连接

①锥螺纹连接

钢筋锥螺纹连接是利用锥形螺纹套筒将两根钢筋端头对接在一起，利用螺纹的机械咬合力传递拉力或压力。锥螺纹连接套是在工厂专用机床上加工制成的，钢筋套丝的加工是在钢筋套丝机上进行的。

②直螺纹连接

直螺纹连接是将钢筋待连接的端头滚轧成规整的直螺纹，再用相配套的直螺纹套筒，将两钢筋相对拧紧，实现连接。该技术的优点在于无虚拟螺纹，力学性能好，连接安全可靠，接头强度能达到与钢筋母材等强。

③套筒挤压连接

钢筋套筒挤压连接是一项新型钢筋连接工艺，它改变了电弧焊、电渣焊、闪光焊、气压焊等传统焊接工艺的热操作方法，是在常温下采用特别钢筋连接机，将钢套筒和两根待接钢筋压接成一体，使套筒塑性变形后与钢筋上的横肋纹紧密地咬合在一起，从而达到连接效果的一种机械接头方式。冷压接头具有性能可靠、操作简便、施工速度快、施工不受气候影响、省电等优点。两根钢筋插入钢套筒后，用带有梅花齿形内模的钢筋连接机对套筒外壁加压，使套筒的金属紧紧咬入螺纹钢筋的横肋间隙中，继续加压使钢套筒的金属冷塑性变形程度加剧，进一步加强硬化程度，其强度提高110 ~ 140MPa。

（3）绑扎

当没有焊接条件时，接头可用铁丝绑扎搭接，但钢筋直径不能超过25mm，其搭接长度见表5-1。但对轴心受拉和小偏心受拉构件中，主钢筋均应焊接，不得采用绑扎接头。

表 5-1 受拉钢筋绑扎接头的搭接长度

钢筋类型		混凝土强度等级		
		C20	C25	C30
Ⅰ级钢筋		35d	30d	25d
月牙纹	HRB335钢筋	45d	40d	35d
	HRB400钢筋	55d	50d	45d

注：当钢筋直径 d 不大于 25mm 时，其受拉钢筋的搭接长度应按表中值减少 5d 采用；当带肋钢筋直径 d 大于 25mm 时，其受拉钢筋的搭接长度应按表中值增加 5d 采用。

当混凝土在凝固过程中受力钢筋易受扰动时，其搭接长度宜适当增加。

在任何情况下，纵向受拉钢筋的搭接长度不应小于 300mm，受压钢筋的搭接长度不宜小于 200mm。

当混凝土强度等级低于 C20 时，Ⅰ级、HRB335 钢筋的搭接长度应按表中 C20 的数值相应增加 10d；HRB500 钢筋不宜采用绑扎接长。

对有抗震要求的受力钢筋的搭接长度，当抗震烈度为 7 度（及以上）时，应增加 5d；两根不同直径的钢筋搭接长度，以较细的钢筋直径计算。

接头的绑扎要求如下。受拉区的 Ⅰ 级钢筋绑扎接头的末端应做弯钩，HRB335、HRB400 钢筋的绑扎接头末端可不做弯钩；直径等于和小于 12mm 的受压 Ⅰ 级钢筋的末端可不做弯钩，但搭接长度不应小于钢筋直径的 30 倍；钢筋搭接处，应在中心和两端用铁丝扎牢。

3. 钢筋的安装

第一，钢筋的级别、直径和根数等应符合设计的规定；对于多层多排钢筋，宜根据安装需要在其间隔外设立一定数量的架立钢筋或短钢筋,但架立钢筋或短钢筋端头不得伸入混凝土的保护层内;当钢筋过密影响到混凝土质量时,应及时与设计人员协商解决。

第二,钢筋与模板之间应设置垫块,垫块应与钢筋绑扎牢固,其绑丝的丝头不应进入混凝土保护层内。混凝土浇筑前,应对垫块的位置、数量和紧固程度进行检查,不符合要求时应及时处理,保证钢筋混凝土保护层的厚度满足设计要求和规范的规定。

第三,钢筋骨架的焊接拼装应在坚固的工作台上进行。拼装前应按设计图纸放样,放样时应考虑焊接变形的预留拱度。拼装时,需要焊接的位置宜采用楔形卡卡紧,防止焊接时局部变形。

第四,骨架焊接时,不同直径钢筋的中心线应在同一平面上,较小直径的钢筋在焊接时,下面宜垫以厚度适当的钢板。施焊顺序宜由中到边对称地向两端进行,先焊骨架下部,后焊管架上部、相邻的焊缝应采用分区对称跳焊,不得顺方向一次焊成。

第五,绑扎或焊接的钢筋网和钢筋骨架不得有变形、松脱和开焊。

(三)混凝土工程

1. 混凝土的配合比

试验室配合比计算是以干燥材料为基准的,而施工现场存放的砂石材料都含有一定水分,所以要将试验室配合比换算为施工配合比。下面介绍混凝土施工配合比的确定。施工时,每立方米混凝土水、沙和石的实际称量为:

水的称量 = 用水量 - 沙、石材料中含水的质量。

沙的称量 = 砂的用量 + 沙中含水的质量。

石的称量 = 石的用量 + 石料中含水的质量。

水泥称量不变。

2. 混凝土拌制

混凝土应采用机械拌制,人工拌制仅用于小量的辅助或修补工程。混凝土的配料宜采用自动计量装置,各种衡器的精度应符合要求,计量应准确。计量器具应定期标定,迁移后应重新进行标定。拌制混凝土所用的各项材料应按质量投料,材料数量的允许质量偏差应符合表 5-2 的规定。

表 5-2 材料数量允许质量偏差

材料类别	允许偏差/%	
	现场拌制	预制场或集中搅拌站的拌制
水泥、干燥状态的掺和料	±2	±1
粗、细集料	±3	±2
水、外加剂	±2	±1

混凝土拌制时，将全部材料加入搅拌筒。开始搅拌至开始出料的最短拌制时间，应按搅拌机产品说明书的要求并经试验确定。混凝土拌和物应搅拌均匀，颜色一致，不得有离析和泌水现象。混凝土搅拌完毕后，应检测混凝土拌和物的坍落度及损失。必要时，还应对工作性能、泌水率及含气量等混凝土拌和物的其他指标进行检测。

3. 混凝土的运输

运输能力应与混凝土的凝结速度和浇筑速度相适应，应使浇筑工作不间断且混凝土运到浇筑地点时仍能保持其均匀性和规定的坍落度。

混凝土的运输宜采用搅拌运输车，或在条件允许时采用泵送方式输送；采用吊斗或其他方式运输时，运距不宜超过 100m 且不得使混凝土产生离析。

采用搅拌运输车运输混凝土时，途中应以 2 ~ 4r/min 的慢速进行搅动，卸料前应以常速再次搅拌。混凝土运至浇筑地点后发生离析、泌水或坍落度不符合要求时，应进行第二次搅拌。

二次搅拌时不宜任意加水，确有必要时，可同时加水、相应的胶凝材料和外加剂，并保持其原水胶比不变；二次搅拌仍不符合要求时，则不得使用。

混凝土采用泵送方式时，混凝土的供应宜使输送混凝土的泵能连续工作，泵送的间歇时间不宜超过 15min。

在泵送过程中，受料斗内应具有足够的混凝土，应防止吸入空气产生阻塞；输送管应顺直，转弯处应圆缓，接头应严密不漏气；向低处泵送混凝土时，应采取必要的措施，防止混凝土离析或堵塞输送管。

4. 混凝土的浇筑

（1）混凝土的浇筑速度

为了保证浇筑混凝土的整体性，防止混凝土在浇筑过程中出现破坏性扰动，浇筑混凝土时必须具有一定的速度，上层混凝土应当在下层已浇筑混凝土开始初凝之前完成浇筑。因此，混凝土浇筑层的最小增长速度为 $h \geqslant s/t$。其中，h 为混凝土浇筑面的上升速度，s 为振捣棒的振捣深度，t 为混凝土的初凝时间。

（2）混凝土的浇筑顺序

①水平分层浇筑

对于跨径不大的简支梁，可以采用该方法。具体操作时，可以从梁体两端向跨中水平分层浇筑并在跨中合龙，然后掉头再向梁端浇筑。分层厚度视振捣器的能力而定，一般采用 15 ~ 30cm。当采用人工捣实时，分层厚度可采用 15 ~ 20cm。为避免振捣导致支架产生不均匀的沉降，浇筑时应保持合理的速度，以便在混凝土失去塑性之前完成浇筑工作。

②斜层浇筑

采用斜层浇筑时，简支梁的混凝土应从主梁两端斜向跨中浇筑并在跨中合龙。因为箱形梁底板顶面没有模板，所以 T 梁和箱形梁所采用的斜层浇筑法在细节上是有差异的。当梁的跨度较大而采用梁式支架且在内部设置支点时，应在支架下沉量最大的部位先浇筑混凝土，使应该发生的支架变形及早完成，以保护先期浇筑的混凝土初凝后不再发生更大的变形，避免混凝土内部微裂隙的产生。

③单元浇筑

当桥面较宽且混凝土数量较大时，可分成若干纵向单元分别浇筑。每个单元可沿其长度分层浇筑，在纵梁间的横梁上设置连接缝，并在纵横梁浇筑完成后填缝连接，之后桥面板可沿桥全宽一次浇筑完成，桥面与纵横梁间设置水平工作缝。

5. 混凝土的养护

对新浇筑混凝土的养护，应满足其对温度、湿度和时间的要求。应根据施工对象、环境条件、水泥品种、外加剂或掺和料以及混凝土性能等因素，制订具体的养护方案并严格实施。混凝土浇筑完成后，应在其收浆后尽快予以覆盖并洒水保湿养护。

对于硬性混凝土、高强度和高性能混凝土、炎热天气浇筑的混凝土以及桥面等大面积裸露的混凝土，应加强初始保湿养护，具备条件的可在浇筑完成后立即加设棚罩，待收浆后再予以覆盖和洒水养护。覆盖时不得损伤或污染混凝土的表面。混凝土面有模板覆盖时，应在养护期间使模板保持湿润。

混凝土的养护不得采用海水或含有害物质的水。混凝土的洒水保湿养护时间应不少于 7d。对重要工程或有特殊要求的混凝土，应根据环境的湿度、温度，水泥品种以及掺用的外加剂和掺和料等情况，酌情延长养护时间，并应使混凝土表面始终保持湿润状态。当气温低于 5℃时，应采取保温养护的措施，不得向混凝土的表面洒水。当采用喷洒养护剂对混凝土进行养护时，所使用的养护剂应不会对混凝土产生不利影响，且应通过试验验证其养护效果。

新浇筑的混凝土与流动的地表水或地下水接触时，应采取临时防护措施，保证混凝土在 7d 以内且强度达到设计强度的 50% 以前，不受水的冲刷侵袭；当环境水具有侵蚀作用时，应保证混凝土在 10d 以内且强度达到设计强度的 70% 以前，不受水的侵袭。

混凝土处于冻融循环作用的环境时，宜在结冰期到来 4 周前完成浇筑施工，且在混凝土强度达到设计强度等级的 80% 前不得受冻，否则应采取技术措施，防止发生冻害。

（四）简支梁桥的架设

1. 陆地架梁法

（1）自行式吊车架梁

在桥不高，场内又可设置行车便道的情况下，用自行式吊车（汽车吊车或履带吊车）架设中、小跨径的桥梁十分方便。大型的自行式吊机逐渐普及，自行式吊机本身有动力，因而架设迅速，可缩短工期。不需要架设桥梁用的临时动力设备，不必进行任何架设设备的准备工作，不需要如其他方法架梁时所具备的技术工种。因此，一般中、小跨径的预制梁（板）的架设安装越来越多地采用自行式吊机。此法视吊装重量不同，可以采用一台吊机架设、二台吊机架设、吊机和绞车配合架设等方法。当预制梁重量不大，而吊机又有相当的起重能力，河床坚实无水或少水，允许吊机行驶、停搁时，可用一台吊机架设安装。用二台吊机架梁，是用二台自行式吊机各吊住梁（板）的一端，将梁（板）吊起并架设安装。此法应注意两吊机的互相配合。吊机和绞车配合架梁时，预制梁一端用拖履、滚筒支垫，另一端用吊机吊起，前方用绞车或绞盘牵引预制梁前进。梁前进时，吊机起重臂随之转动。梁前端就位后，吊机行驶到后端，提起后端取出拖履、滚筒，再将梁放下就位。

（2）移动式支架架梁法

陆地架梁法是在架设孔的地面上，顺桥轴线方向铺设轨道，其上设置可移动支架预制梁的前端搭在支架上，通过移动支架将梁移运到要求的位置后，再用龙门架或人字扒杆吊装；或者在桥墩上设枕木垛，用千斤顶卸下，再将梁横移就位。

（3）摆动式支架架梁法

摆动式支架架梁法通常是将预制梁（板）沿路基牵引到桥台上并稍悬出一段（悬出距离根据梁的截面尺寸和配筋确定），然后从桥孔中心河床上悬出的梁（板）端底下设置人字扒杆或木支架。

（4）跨墩或墩侧龙门架架梁法

对于桥不太高，架桥孔数又多，沿桥墩两侧铺设轨道不困难的情况，可以采用跨墩或墩侧龙门吊车来架梁。通过运梁轨道或者用拖车将梁运到后，就用门式吊车起吊、横移，并安装在预定位置。当一孔架完后，吊车前移，再架设下一孔。用本方法的优点是架设安装速度较快，河滩无水时也较经济，而且架设时不需要特别复杂的技术工艺，作业人员较少。但龙门吊机的设备费用一般较高，尤其在高桥墩的情况。

2. 浮吊架设法

（1）浮吊船架梁

在海上和深水大河上修建桥梁时，用可回转的伸臂式浮吊架梁比较方便。这种架梁方法高空作业少、施工比较安全、吊装能力大、工效高，但需要大型浮吊。鉴于浮吊船来回运梁航行时间长，要增加费用，故一般采取用装梁船储梁后成批一起架设的方法。浮吊架梁时需在岸边设置临时码头移运预制梁。架梁时，浮吊要认真锚固。如流速不大则可用预先抛入河中的混凝土锚作为锚固点。

（2）固定式悬臂浮吊架梁

在缺乏大型伸臂式浮吊时，也可用钢制万能杆件或贝雷钢架拼装固定式的悬臂浮吊进行架梁。

3. 高空架梁法

（1）联合架桥机架梁

此法适用于架设安装 30m 以下的多孔桥梁，其优点是完全不设桥下支架，不受水深流急影响，架设过程中不影响桥下通航、通车。预制梁的纵移、起吊、横移、就位都较方便。其缺点是架设设备用钢量较多，但可周转使用。

联合架桥机由两套门式吊机、一个托架、一根两跨长的钢导梁三部分组成。钢导梁由贝雷装配、梁顶面铺设的运梁平车、托架行走的轨道、门式吊机和工字梁组成，并在上下翼缘处及接头的地方用钢板加固，门式吊机顶横梁上设有吊梁用的行走小车。为了不影响架梁的净空位置，其立柱做成拐脚式（俗称拐脚龙门架）。门式吊机的横梁高程，由两根预制梁叠起的高度加平车及起吊设备高确定。蝴蝶架是专门用来托运门式吊机转移的，它由角钢组成，整个蝴蝶架放在平车上，可沿导梁顶面轨道行走。

联合架桥机架梁顺序如下：在桥头拼装钢导梁，梁顶铺设钢轨并用绞车纵向拖拉导梁就位；拼装蝴蝶架和门式吊机，用蝴蝶架将两个门式吊机移运至架梁孔的桥墩（台）上；由平车轨道运送预制梁至架梁孔位，将导梁两侧可以安装的预制梁用两个门式吊机吊起，横移并落梁就位；将导梁所占位置的预制梁临时安放在已架设好的梁上；用绞车纵向拖拉导梁至下一孔后，将临时安放的梁由门式吊机架设就位，做完梁的架设工作，并用电焊将各梁联结起来；在已架设的梁上铺接钢轨，再用蝴蝶架顺序将两个门式吊机托起并运至前一孔的桥墩上。如此反复，直至将各孔梁全部架设好为止。

（2）双导梁架桥机架梁法

本法是在架设孔间设置两组导梁，导梁上安设配有悬吊预制梁设备的轨道平车和起重行车或移动式龙门吊机，将预制梁在双导梁内吊着运到规定位置后，再落梁、横移就位。

横移时一种方法是将两组导梁吊着预制梁整体横移；另一种是导梁设在桥面宽度以外，预制梁在龙门吊机上横移，导梁不横移，这比第一种横移方法安全。双导梁架桥机架梁法的优点与联合架桥机架梁法相同，适用于墩高、水深的情况下架设多孔中小跨径的装配式梁桥，但不需蝴蝶架。因配备双组导梁，故架设跨径可较大，吊装的预制梁较重。

（3）自行式吊车桥上架梁法

在预制梁跨径不大、重量较轻且梁能运抵桥头引道上时，可直接用自行式伸臂吊车（汽车吊或履带吊）来架梁。但是，对于架桥孔的主梁，当横向尚未连成整体时，必须核算吊车通行和架梁工作时的承载能力。此种架梁方法简单方便，几乎不需要任何辅助设备。

第二节　预应力混凝土桥梁施工

普通钢筋混凝土结构受弯构件在正常使用条件下，其受拉区是开裂的，影响构件的正常使用和耐久性，并限制了高强材料的应用。另外，普通钢筋混凝土结构的自重大，增加了施工的难度，大大地限制了桥梁的跨越能力。随着桥梁跨度的增大，预应力混凝土结构将更具有优势。

一、预应力混凝土结构的特点

预应力混凝土结构除了具有普通钢筋混凝土结构的优点外，还有下述重要特点：能最有效地利用高强钢筋、高强混凝土，减小截面，降低自重，增大跨越能力；与普通钢筋混凝土桥梁相比，一般可节省钢材 30% ~ 40%，跨径越大，节省越多；预应力混凝土梁在正常使用条件下不出现裂缝，鉴于能全截面参与工作，故可显著减小建筑高度，使大跨径桥梁做得轻柔美观，扩大了对各种桥型的适应性，提高了结构的耐久性；预应力技术的采用，为现代装配式结构提供了最有效的装配、拼装手段。根据需要，可在纵向、横向及竖向施加预应力，使装配式结构集整成理想的整体，扩大了装配式桥梁的使用范围。

当然，预应力混凝土结构要有作为预应力筋的优质高强钢材，保证高强混凝土的制备质量，同时，要有一整套专门的预应力张拉设备和材质好、精度高的锚具，并要掌握复杂的施工工艺。

二、预应力混凝土桥梁施工

（一）固定支架就地浇筑法

固定支架就地浇筑施工法是一种古老的施工方法，它是在固定支架上安装模板、绑扎及安装钢筋骨架，预留孔道，并在现场浇筑混凝土与施加预应力的施工方法。由于采用此种方法施工需用大量的支架，故其一般在桥墩较低的中小跨径桥梁或交通不便的边远地区采用。

近年来，随着桥梁结构形式的发展，出现了一些变宽的异形桥、弯桥等复杂的预应力混凝土结构。由于临时钢构件、万能杆件、贝雷梁和六四式军用梁等大量应用，其他施工方法都比较困难时，或经过比较固定支架就地浇筑施工法较方便、费用较低时，在大跨径桥梁中也可以采用这种施工方法。为了完成现浇梁桥的就地浇筑施工，应根据桥孔跨径、桥孔下面覆盖土层的地质条件、水的深浅等因素，合理地选择支架形式。

1. 支架

支架类型选择是就地浇筑施工的关键。就地浇筑连续梁桥施工所用支架与钢筋混凝土简支梁桥就地浇筑支架基本相同，此处不做赘述。

2. 浇筑

固定支架就地浇筑施工中与装配式预应力梁预制工艺相同的部分，此处也不再赘述。以下仅就碗扣式钢管支架的搭设、混凝土的浇筑顺序、支架的拆除进行阐述。

（1）碗扣式钢管支架的搭设

采用碗扣式钢管支架时，其支架搭设应符合下列要求：

第一，模板支架应根据所承受的荷载选择立杆的间距和步距，底层纵、横向水平杆作为扫地杆，距地面高度应小于或等于350mm，立杆底部应设置可调底座或固定底座；立杆上端包括可调螺杆伸出顶层水平杆的长度不得大于0.7m。

第二，可调底座及可调托撑丝杆与调节螺母的啮合长度不得少于6扣，插入立杆内的长度不得小于150mm。

模板支架的斜杆设置应符合下列要求。

第一，当立杆间距大于1.5m时，应在拐角处设置通高专用斜杆，中间每排每列应设置通高八字形斜杆或剪刀撑；当立杆间距小于或等于1.5m时，模板支架四周应从底到顶连续设置竖向剪刀撑；中间纵横向应由底至顶连续设置竖向剪刀撑，其间距应小于或等于4.5m；剪刀撑的斜杆与地面间的夹角应为45°～60°，斜杆应每步与立杆扣接。

第二，当模板支架高度大于 4.8m 时，顶端和底部必须设置水平剪刀撑，中间水平剪刀撑设置间距应小于或等于 4.8m。

第三，必须严格控制支架的垂直度，以免影响整体稳定性。垂直度偏差应小于或等于 H/500（H 为支架搭设高度），且不得大于 50mm。

第四，当模板支架周围有桥梁墩台结构时，应建立与墩台的水平连接，以加强架体的安全可靠度。

第五，模板支架高宽比应小于或等于 2；当高宽比大于 2 时，可扩大下部架体尺寸或采取其他构造措施（如设置缆风绳加固）。

（2）混凝土的浇筑顺序

在浇筑混凝土时支架会产生不均匀沉降。为避免因支架不均匀沉降而导致混凝土在浇筑过程中出现内伤，要求混凝土的浇筑应从跨中向两侧墩台逐步推进，当整跨梁体浇筑完成后再浇筑跨越梁段。跨越梁段的浇筑应呈斜面逐层推进，浇筑完成时应保持混凝土顶面为斜面，以便与下一梁跨混凝土建立更好的连接。

（3）模板拆除及卸架

当混凝土的强度达到设计强度的 25% 以后可拆除侧模，当混凝土强度大于设计强度的 75% 以后可拆除梁体的各项模板。对于预应力混凝土梁，应在预应力钢束张拉完毕或张拉到一定数量后再拆除模板，以免梁体混凝土受拉。卸架程序应从梁体挠度最大处的支架节点开始，逐步卸落相邻两侧的节点。落梁要对称、均匀、有序。同时，要求各节点的卸落应分级多次进行，以使梁的沉落曲线逐步加大。

3. 固定支架预应力就地浇筑的特点

综上所述，固定支架就地浇筑施工方法的特点包括以下三点。

第一，混凝土能整体浇筑，预应力筋整体张拉，桥梁的整体性较好。施工中不需要进行体系转换。对机具和起重能力要求不高，不需要大型起重设备，施工较简便、平稳、可靠。

第二，需要使用大量的施工支架，施工周期长，周转次数少，费用高；跨河桥梁搭设支架影响河道的通航与排洪，施工期间支架可能会受到洪水和漂流物的威胁。

第三，需要有较大的施工场地进行支架组拼、钢筋加工、模板制作、预应力筋加工等，因此施工管理较复杂。

（二）悬臂施工法

悬臂施工法是大跨度桥梁最常采用的施工方法，也是桥梁施工中难度较大的施工工艺，需要专门的施工设备和一支熟悉悬臂施工工艺的技术队伍。

采用该方法建造桥梁时，不需要在桥下搭设大量的支架，而是利用挂篮施工设备从墩顶已建梁段向两侧开始对称悬出接长，直至合龙。梁体每延伸一段，通过预应力钢筋将当前梁段与梁体连成一体。按照节段梁体的制作方法方式的不同，悬臂施工法可以分为悬臂浇注法和悬臂拼装法。

悬臂浇注：在桥墩两侧对称逐段就地浇注混凝土，待混凝土达到一定强度，张拉预应力钢筋，移动机具、模板继续施工。

悬臂拼装：将预制节段块件，从桥墩两侧依次对称安装，张拉预应力钢筋，使悬臂不断接长，直至合龙。

1. 悬臂浇筑施工

（1）施工挂篮

挂篮是一个能够沿轨道行走的活动脚手架，悬挂在已经张拉锚固的箱梁梁段上。挂篮的承重结构可用万能杆件或采用专门设计的结构。挂篮除了要能承受梁段自重和施工荷载外，还要求自重轻、刚度大、变形小、稳定性好、行走方便等。

用梁式挂篮浇筑墩侧初始几对梁段时，由于墩顶位置受限往往需要将两侧挂篮的承重结构临时联结在一起。待梁段浇筑到一定长度后，再将两侧承重结构分开。如果墩顶位置过于窄小，开始用挂篮浇筑困难时，可以设立局部支架。墩顶梁段（即所谓零号块）或墩顶附近的梁段在支架上浇筑，施工挂篮就在已浇筑的梁段上拼装。

（2）悬臂浇筑施工工艺流程

当挂篮安装就位后，即可在其上进行梁段悬臂浇筑的各项作业，其工艺流程是按每一梁段的混凝土分两次浇筑排列的，即先浇筑底板混凝土，后浇筑肋板及顶板混凝土。当采用一次浇筑时，将浇筑底板混凝土的工序与浇筑肋板及顶板混凝土的工序合并，其他工序不变。

混凝土浇筑前，须用硬方木支垫于台车前轮分配梁上，以分布荷载，减小轮轴压力。浇筑混凝土的过程中，要随时观测挂篮由于受荷而产生的变形。挂篮负荷后，还可能引起新旧梁段接缝处混凝土开裂。尤其是采用两次浇筑法施工，第二次混凝土浇筑时，第一次浇筑的底板混凝土已经凝结。由于挂篮的第二次变形，底板混凝土就会在新旧梁段接缝处开裂。为了避免这种裂缝，可对挂篮采取预加变形的方法，如采用活动模板梁等。

悬臂浇筑一般采用由快凝水泥配制的 C40 ~ C60 混凝土。在自然条件下，浇筑后 30 ~ 36h，混凝土强度达 30MPa。这样可以加快挂篮的移位。目前，每段施工周期 7 ~ 10d，具体应视工程量、设备、气温等条件而定。

悬臂浇筑施工的主要优点是：预制场地小，逐段浇筑，易于调整和控制梁段的位置，且整体性好；不需大型机械设备，主要作业在没有顶棚的挂篮内进行；各段均属严密的重复作业，需要施工人员少，工作效率高等。

其主要缺点是：梁体部分不能与墩柱平行施工，施工期较长，而且悬臂浇筑的混凝土加载龄期短，混凝土收缩、徐变影响较大。

2. 悬臂拼装施工

（1）梁段预制

悬拼施工是将梁沿纵轴，根据起吊能力分成适当长度的节段，在工厂或桥位附近的预制场进行预制，然后运到桥位处用吊机进行拼装。节段预制的质量直接关系着梁段悬拼施工的重量和速度，因此，预制时应严格控制梁段断面和形体的精确度，充分注意预制场地的选择与布置、台座和模板支架的制作，工艺流程的拟订以及养护和储运的每一环节。梁段预制的方法通常有长线预制和短线预制法。

①长线预制

长线预制是在预制厂或施工现场按梁底曲线制作固定台座，在台座上安装模板进行节段混凝土浇筑工作。组成箱梁的各梁段均在固定台座上的活动模板内且相邻段应相互贴合浇筑，缝面浇筑前涂抹隔离剂，以利脱模。

长线预制需要较大的场地，其底座的最小长度应为桥孔跨径的一半。梁体节段的预制一般在底板上进行。模板常采用钢模，以便于装拆使用。为加快施工进度，保证节段之间密贴，常采用先浇筑奇数节段，然后浇筑偶数节段。当节段混凝土强度达到设计强度 75% 以上后，可吊出预制场地。

②短线预制

短线预制是在固定台位且能纵移的模板内浇筑，由可调整内、外部模板的台车与端梁来完成。当第一节段混凝土浇筑完成后，在其相对位置上安装下一节段模板，并利用第一节段混凝土的端面作为第二节段的端模，完成第二节段混凝土的浇筑工作。这种方法适合节段的工厂化生产预制，设备可周转使用，台座仅需 3 个梁段长，但节段的尺寸和相对位置的调整要复杂一些。短线台座除基础部分外，多采用钢料加工制作。

由于长线台座可靠，因而成桥后梁体线形较好，长线的台座使梁段存贮有较大余地；但占地较大，地基要求坚实，混凝土的浇筑和养护移动分散。

短线预制场地相对较小，模板及设备基本不需移动，可调的底、侧模便于平、竖曲线梁段的预制；但精度要求高，施工严，周转不便，工期相对较长。

箱梁节段预制要求相邻节段之间接触紧密，故必须以前面浇筑完成的节段的端面作为后来浇筑节段的端模。同时，必须采用隔离剂使节段出坑时相互容易从接缝处脱离。

常用隔离剂可分：薄膜类，如塑料硬薄膜；油脂类，如好机油；皂类，如烷基苯磺酸钠，虽成本较高，但使用效果较好。

（2）梁段运输

梁段运输有水、陆、栈桥及缆吊等各种形式。梁体节段自预制底座上出坑后，一般先存放于存梁场，节段拼装时由存梁场运至桥位处，预制块件的运输方式一般可分为场内运输、装船和浮运三个阶段。

①场内运输

出坑和运输一般由预制场的龙门起重机担任。节段上船也可使用预制场的龙门起重机。当预制场与栈桥距离较远时，节段的运输应首先考虑采用平车运输。当采用无转向架的运梁平车运输时，运输轨道不得设平曲线，纵坡一般应为平坡。当地形条件受到限制时，最大纵坡不得大于1%。

②装船

装船应在专用码头上进行，码头的主要设施是施工栈桥和节段装船的起重机。栈桥的长度应保证在最低施工水位时驳船能够进港起运，栈桥的高度要保证在最高施工水位时栈桥主梁不被水淹。栈桥宽度要保证运梁驳船两侧与栈桥之间不少于0.5m的安全距离。栈桥起重机的起重能力和主要尺寸（净高和跨度）应与预制场上的起重机相同。

③浮运

浮运船只应根据节段的重量和高度来选择，可采用铁驳船、坚固的木筏船、水泥驳船或用浮箱装配。为了保证浮运安全，应设法降低浮运重心。

开口船面的船应尽量将块件置于船舱底板；必须置放在甲板面上时，必须在舱内压重。块件的支垫应按底面坡度用碎石子堆成，满铺支垫或加设三角形垫木，以保证块件安放平稳。另外，还需以缆索将块件系紧固定。

（3）悬拼方法

①浮吊拼装法

重型的起重机械装配在船舶上，全套设备在水上作业，在40m的吊高范围内起重力大，所用辅助设备少。优点是相应的施工速度较快，一天可以完成2～4段的吊拼，但台班费用较高。

②悬臂吊机拼装法

悬臂吊机由纵向主桁架、横向起重桁架、锚固装置、平衡重、起重系统、行走系统和工作吊篮等部分组成。

纵向主桁架为吊机的主要承重结构，可由贝雷桁片、万能杆件、大型型钢等拼制。一般由若干桁片构成两组，用横向连接系连成整体，前后用两根横梁支承。横向起重桁架是供安装起重卷扬机，直接起吊箱梁节段之用的构件，多采用贝雷架、万能杆件及型钢等拼配制作。纵向主桁架的外荷载就是通过横向起重桁架传递给它的。横向起重桁架支承在轨道平车上，轨道平车搁置于铺设在纵向主桁架弦的轨道上，起重卷扬机安置在横向起重桁架的上弦。设置锚固装置和平衡重的目的是防止主桁架在起吊节段时倾覆翻转，保持其稳定状态。对于拼装墩柱附近节段的双悬臂吊机，可用锚固横梁及吊杆将吊机锚固于 0 号块上。对称起吊箱梁节段，不需要设置平衡重。

单悬臂吊机起吊节段时，也可不设平衡重，而将吊机锚固定在节段吊环上或竖向预应力筋的螺丝端杆上。起重系统一般是由电动卷扬机、吊梁扁担及滑车组等组成。作用是将由驳船浮运到桥位处的节段提升到拼装高度以备拼装。滑车组要根据起吊节段的重量来选用。

吊机的整体纵移可以采用钢管滚筒在木板上滚移，由电动卷扬机牵引。牵引绳通过转向滑车系于纵向主桁架前支点的牵引钩上。横向起重桁架的行走采用轨道平车，用倒链滑车牵引。

工作吊篮悬挂于纵向主桁架前端的吊篮横梁上，吊篮横梁由轨道平车支承以便工作吊篮的纵向移动。工作吊篮供预应力钢丝穿束、千斤顶张拉、压注灰浆等操作之用。可设上、下两层，上层供操作顶板钢束用，下层供操作肋板钢束用。也可只设一层，工作吊篮可用倒链滑车调整高度。

③连续桁架拼装法

连续桁架拼装法可分移动式和固定式两类。移动式连续桁架的长度大于桥的最大跨径，桁架支承在已拼装完成的梁段和待拼墩顶上，由吊车在桁架上移运节段进行悬臂拼装。固定式连续桁架的支点均设在桥墩上，而不增加梁段的施工荷载。

（4）接缝处理及拼装程序

梁段拼装的接缝有湿接缝、干接缝和胶接缝等几种。不同的施工阶段和不同的部位，将采用不同的接缝形式。

①湿接缝

1 号块和调整块用湿接缝拼装。悬拼施工时，防止梁体上翘和下挠的关键是 1 号块的准确定位。1 号块是基准块件，一般 1 号块与墩顶 0 号块以湿接缝相接。1 号块定位后，可由起重机悬吊支承，也可用下面的临时托架支承。为便于接缝处管道接头的拼接、接头钢筋的焊接和混凝土振捣作业，湿接缝宽度一般为 0.1 ~ 0.2m。

0 ~ 1 号块间湿接缝处理程序：块件定位，中线以及高程测量；接头钢筋焊接，制孔器安放；湿接缝模板安放；湿接缝混凝土浇筑；湿接缝混凝土养护拆模；穿预应力钢束，张拉锚固。

跨度大的 T 形刚构桥，由于悬臂很长，往往在悬臂中部设置一道现浇箱梁横隔板。同时，设置一道湿接缝。这道湿接缝除了能增加箱梁的结构刚度外，还可以调整拼装位置。在拼装过程中，如拼装上翘的误差很大，用其他方法难以补救时，也可以通过增设一道湿接缝来调整。但应注意增设的湿接缝宽度必须用凿打块件端面的办法来提供。

②干接缝或胶接缝拼装

除上述块件之间采用湿接缝外，一般块件之间采用干接缝或胶接缝。

其他预制梁段拼装顺序包括以下几个步骤：预制梁段提升，内移就位，试拼；预制梁段移开，与已拼装梁段保持约0.4m间距；穿束；涂胶（双面涂胶，干接缝无此工序）；梁段就位，检查位置、高程及吻合情况；预应力钢束张拉，观察预制梁段是否滑移，锚固。

环氧树脂胶接缝可使块件连接密贴，可提高结构抗剪能力、整体刚度和不透水性。环氧树脂胶由环氧树脂、固化剂、增塑剂、稀释剂、填料等组成，其配方应根据施工环境、温度、固化时间和强度要求选定。一般对接缝混凝土面先涂环氧树脂底层胶，然后再涂加入填料的环氧树脂胶，环氧树脂胶随用随配并调制。

（5）穿束与张拉

①穿束

T形刚构桥纵向预应力钢筋的布置有两个特点：一是较多集中于顶板部位；二是钢束布置对称于桥墩。因此，拼装每一对对称于桥墩块件的预应力钢丝束须按锚固这一对块件所需长度下料。

明槽钢丝束通常按等间距排列，锚固在顶板加厚的部分（这种板俗称"锯齿板"），加厚部分预制时留有管道。穿束时先将钢丝束在明槽内摆放平顺，然后再分别将钢丝束穿入两端管道之内，钢丝束在管道两头伸出长度要相等。

暗管穿束比明槽难度大。经验表明，60m以下的钢丝束穿束一般均可采用人工推送。较长钢丝束穿入端，可点焊成箭头状缠裹黑胶布。60m以上的钢丝束穿束时，可先从孔道中插入一根钢丝与钢丝束引丝连接，然后一端以卷扬机牵引，一端以人工送入。

②张拉

钢丝束张拉前，先要确定合理的张拉次序，保证箱梁在张拉过程中每批张拉合力都接近于该断面钢丝束总拉力重心处。

钢丝束张拉次序的确定与箱梁横断面形式、同时工作的千斤顶数量、是否设置临时张拉系统等因素有关。

一般情况下，纵向钢丝束的张拉次序按下述原则确定：第一，对称于箱梁中轴线，钢丝束两端同时成对张拉；第二，先张拉肋束，后张拉板束；第三，肋束的张拉次序是先张拉边肋，后张拉中肋（若横断面为三根肋，仅有两对千斤顶时）；第四，同一肋上的钢丝束先张拉下边的，后张拉上边的；第五，板束的次序是先张拉顶板中部的，后张拉边部的。

悬臂拼装法施工的主要优点是：梁体块件的预制和下部结构的施工可同时进行，拼装成桥的速度较现浇快，可显著缩短工期；块件在预制场内集中预制，质量较易保证；梁体塑性变形小，可减小预应力损失，施工不受气候影响等。

其缺点是：需要占用较大的预制场地；移运和安装需要大型的机械设备；如果不用湿接缝，则块件安装的位置不易调整。

（6）压浆

管道压浆的目的是为了保证预应力筋不受腐蚀。目前的工艺是先用高压水检查管道的畅通、匹配面的密贴情况以及封端情况后再进行正式压浆，直到出浆口出浓浆。封闭出浆口持压 3 ~ 5min，以保证水泥浆尽量充满管道。

压浆是在局部封锚后进行的，除了保证封端质量外，须在水泥浆中加入适量微膨胀剂，选取合适的配合比，既能使压浆工作顺利进行，又能使凝固后的水泥浆尽量充满管道，尽可能地排出管道内的水和空气，避免受力筋受蚀。

（7）合龙段施工

用悬臂施工法建造的连续刚构桥、连续梁桥需在跨中将悬臂端刚性连接、整体合龙。合龙段施工有现浇和拼装两种方法，现浇方法与悬浇中跨合龙段施工方法相同，拼装方法与简支梁板的安装相同。

第三节　桥面及附属工程施工

桥面是桥梁服务车辆、行人实现其功能的最直接部分。主要包括支座、桥面铺装层等。其施工质量不仅影响桥梁的外形美观，而且关系到桥梁的使用寿命、行车安全及舒适性等。因此，对于桥面及附属设施的施工必须引起足够的重视。

一、桥梁支座的施工

（一）桥梁支座概述

桥梁支座是桥梁结构的一个重要组成部分。但是由于它在桥梁工程造价中所占比例很小，往往未引起工程技术人员的重视。

20世纪70年代以前，我国的公路、铁路桥梁上常不设支座或仅设置传统的钢支座。随着桥梁建设事业的发展，各种形式的桥梁陆续建成，对桥梁支座的承载力、支座适应线位移和转角能力的要求也不断提高，与之相适应的各种新型桥梁支座应运而生。

桥梁支座是连接桥梁上部结构和下部结构的重要结构部件。它能将桥梁上部结构的反力和变形（线位移和转角）可靠地传递给桥梁下部结构。同时，保证上部结构在荷载、温度变化、混凝土收缩徐变等因素作用下的自由变形，以便使结构的实际受力情况与理论计算图示相符合，保护梁端、墩台帽不受损伤。

桥梁支座必须满足以下功能要求：一是桥梁支座必须具有足够的承载能力，以保证安全可靠的传递支座反力；二是支座对桥梁变形（位移和转角）的约束应尽可能小，以适应梁体自由伸缩及转动的需要。此外，支座应便于安装、养护和维修，必要时可进行更换。

梁式桥的支座一般分为固定支座和活动支座。固定支座允许梁截面自由转动而不能移动，活动支座允许梁在挠曲和伸缩时转动与移动。针对桥梁跨径、支座反力、支座允许转动与位移不同，支座选用的材料不同，支座是否满足防振、减振要求不同，桥梁支座具有许多相应类型。

随着桥梁结构体系的发展，制作类型也相应地更新换代，过去一般针对小跨径桥梁或加工较烦琐的支座，如简易垫层支座、钢板支座、钢筋混凝土摆柱式支座等已不常使用，代之以板式橡胶支座、盆式橡胶支座、球形钢支座、聚四氟乙烯滑板支座以及圆形板式橡胶支座等。

（二）不同种类的桥梁支座施工

1. 板式橡胶支座安装

板式橡胶支座由多层橡胶片与薄壁板镶嵌、黏合、压制而成。安装前，应将垫块顶面清理干净，采用干硬性水泥砂浆抹平，并检查顶面标高是否满足设计要求；板式橡胶支座安装前还应对支座的长、宽、厚、硬度、容许荷载、容许最大温差及外观等进行全面检查，如不符合设计要求，则不得使用。

板式橡胶支座安装时，支座中心尽可能对准梁的计算支点，必须使整个橡胶支座的承压面上受力均匀。就位不准或与支座不密贴时，必须重新起吊，采取垫钢板等措施，并应使支座位置控制在允许偏差内，不得用撬棍移动梁、板。

为保证板式橡胶支座安装位置准确，支座安装尽可能排在接近年平均气温的季节里进行，以减小由于温差变化过大而引起的剪切变形。梁、板安装时，必须细致稳妥，使梁、板就位准确且与支座密贴，勿使支座产生剪切变形；就位不准时，必须吊起重放，不得用撬杠移动梁、板。

当墩台两端标高不同，顺桥向或横桥向有坡度时，支座安装必须严格按设计规定办理。支座周围应设排水坡，防止积水，并注意及时清除支座附近的灰尘、油脂与污垢等。

2. 球形支座的安装

球形支座各向转动性能一致，适用于弯桥、坡桥、斜桥、宽桥及大跨径桥。球形支座无承重橡胶块，特别适用于低温地区。

支座出厂时，应由生产厂家将支座调平，并拧紧连接螺栓，防止支座在安装过程中发生转动和倾覆。支座可根据设计需要预设转角及位移，但施工单位应在订货前提出预设转角及位移量的要求，由生产厂家在装配时预先调整好。

支座安装前方可开箱，并检查装箱清单，包括配件清单、检验报告复印件、支座产品合格证书及支座安装养护细则。施工单位开箱后，不得任意转动连接螺栓，并不得任意拆卸支座。支座安装高度应符合设计要求，要保证支座平面的水平及平整。支座支承面四角高差不得大于2mm。

当下支座板与墩台采用螺栓连接时，应先用钢楔块将下支座板四角调平，高程、位置应符合设计要求，用环氧砂浆灌注地脚螺栓孔及支座底面垫层。环氧砂浆硬化后，方可拆除四角钢楔，并用环氧砂浆填满楔块位置。当下支座板与墩台采用焊接连接时，应对称、间断地将下支座板与墩台上预埋钢板焊接。焊接时应采取防止烧伤支座和混凝土的措施。

当梁体安装完毕，或现浇混凝土梁体达到设计强度后，在梁体预应力张拉之前，应拆除上、下支座连接板。

3. 盆式橡胶支座

盆式橡胶支座是钢构件与橡胶组合而成的新型桥梁支座，具有承载能力大、水平位移量大，转动灵活等特点，适用于支座承载力为1000kN以上的跨径桥梁，也适用于城市、林区、矿区的桥梁。

盆式橡胶支座构造简单、结构紧凑、滑动摩擦系数小、转动灵活。与一般铸钢辊轴支座相比，具有重量轻、建筑高度低、加工制造方便、节省钢材、降低造价等优点。与板式橡胶支座相比具有承载能力大、容许支座位移量大、转动灵活等优点。因此，盆式橡胶支座特别适宜在大跨径桥梁上使用。

支座规格和质量应符合设计要求，支座组装时其底面与顶面（埋置于墩顶和梁底面）的钢垫板，必须埋置稳固。垫板与支座间应平整密贴，支座四周不得有0.3mm以上的缝隙，严格保持清洁。活动支座的聚四氟乙烯板和不锈钢钢板不得有刮伤、撞伤。氯丁橡胶板块密封在钢盆内，要排除空气，保持紧密。

安装前，将支座各相对滑移面用清洁剂仔细擦洗，擦净后在四氟滑板的储油槽内注满硅脂类润滑剂并保持清洁。盆式橡胶支座的顶面和底板可用焊接或锚固螺栓拴接在梁体底面和垫石顶面的预埋钢板上。

焊接时，应防止烧坏混凝土；焊接完成后，应在焊接部位作防锈处理。安装锚固螺栓时其外露螺杆的高度不得大于螺母的厚度。支座安装的顺序，宜先将上座板固定在大梁上，然后根据其位置确定底盆在墩台的位置，最后固定。

支座的安装标高应符合设计的要求，中心线与梁的轴线重合，水平最大位移差不超过 2mm。

安装固定支座时，上下各部件的纵轴线必须对正；安装活动支座时，上下纵轴线必须对正，横轴线应当根据安装时的温度与年平均温度的差，由计算确定其错位的距离；支座上的上下导向挡块必须平行，最大偏心的交叉角不得大于 5°。

二、桥面铺装层施工

（一）水泥混凝土桥面铺装层施工

水泥混凝土桥面铺装层的施工工艺为：施工准备工作→安装模板→桥面钢筋绑扎→混凝土制备→混凝土运输→桥面混凝土浇筑→接缝施工→表面修整→养护。下面将对部分施工要点进行介绍。

1. 梁顶标高的测定和调整

预应力混凝土空心板或大梁在预制后存梁期间，由于预应力作用，往往会产生反拱。如果反拱过大，就会影响桥面铺装层的施工。因此，设计中对存梁时间、存梁方法都做了一定要求。

如果架梁前已发现反拱过大，则应采取降低墩顶标高、减少垫石厚度等方法来保证铺装层厚度。架梁后应对梁顶标高进行测量，测定各跨中线、边线的跨中和墩顶处的标高，分析评价其是否满足规范要求。若偏差过大，则应采取调整桥面标高、改变引线纵坡等方法，以保证铺装层厚度，使桥梁上部结构形成整体。

2. 绑扎、布设标面钢筋网

桥面钢筋应根据设计要求和相关规定进行绑扎。正交桥必须注意放正钢筋，斜交桥桥面钢筋应按图纸规定方向放置。所有钢筋均应正确留设保护层厚度。采用双层钢筋网时，两层钢筋之间应有足够数量的定位撑筋，以保证两层钢筋的位置正确。

在两跨连接处，若桥面为连续构造，应再布设桥面连续的构造钢筋；若为伸缩缝，要注意做好伸缩缝的预埋钢筋。

3. 混凝土浇筑

对板顶处理情况、钢筋网布设情况进行检查。当其满足设计和规范要求后，即可浇筑混凝土。若设计为防水混凝土，其配合比及施工工艺应满足规范要求。

浇筑铺装层时，为防止钢筋变位，不得在钢筋上搁置重物，不得让运料小车在钢筋网上推运，不得让人员在钢筋网上行走践踏。若必须在钢筋上通行，可搭设支架架空走道。在浇筑过程中，应随时注意纠正钢筋位置。

浇筑混凝土时，宜从下坡向上坡进行，注意要连续施工，防止产生施工缝。混凝土振捣时，先用插入式振捣器沿模板边角均匀插捣，然后用平板振捣器对中间部分混凝土进行振捣，直至混凝土不再下沉，最后用振动梁进行粗平。

水泥混凝土桥面施工可采用真空脱水工艺，脱水后还应进行表面平整和提浆。如不采用真空脱水工艺，应采用抹子反复抹面直至表面平整、无泌水为止。必须符合设计规定，面层必须平整、粗糙。如果桥面纵坡较大，则必须采取防滑措施。第二次抹平后，应沿横坡方向拉毛或采用机具压槽，拉毛和压槽深度应为 1 ~ 2mm。浇筑完后待表面有一定硬度时即可开始养生。常用的养生方法为覆盖草袋、麻袋、草帘、塑料薄膜、土工布等并洒水。

2. 沥青混凝土桥面铺装层施工

（1）准备工作

铺装沥青混凝土面层以前，须对混凝土桥面的平整度、粗糙度等进行检查，桥面应平整、粗糙、干燥、整洁，并应符合规定的设计要求。测设中线和边线的高程，根据所需铺筑沥青混凝土的最小、最大及平均厚度计算沥青混凝土的数量，做好用料计划。清扫桥梁混凝土面层，保持清洁、干燥，并喷洒黏层油，黏层沥青宜采用快裂的洒布型乳化沥青，也可采用快、中凝液体石油沥青或煤沥青，并采用机械喷布工艺，用量一般控制在 0.3 ~ 0.4kg/m²，要求洒布均匀。

（2）浇洒黏层

沥青工艺要求如上所述，黏层沥青应均匀洒布（亦可涂刷），浇洒过量的局部地段或积聚油量较多时应予以刮除。当气温低于10℃或水泥混凝土桥面层潮湿（或不洁），不得浇洒黏层沥青。浇洒黏层沥青后，严禁除沥青混合料运输车以外的其他车辆、行人通过。黏层沥青洒布后，应紧接铺筑沥青混凝土面层，但乳化沥青应等待破乳、水分蒸发完后铺筑。洒布沥青黏层前宜在路缘石上方涂刷石灰水或粘贴保护纸张，以免沥青沾染缘石。

（3）伸缩缝处理

铺筑沥青面层时，伸缩缝处理宜用黄砂等松散材料临时铺垫与水泥混凝土顶面相平，沥青混凝土面层可连续铺筑，铺筑完成后再按所用伸缩缝装置的宽度，画线切割，挖除伸缩缝部分的沥青混凝土后再安装伸缩装置。

（4）热拌沥青混合料的运输

沥青混凝土面层铺筑用沥青混合料应采用较大吨位的自卸汽车运输，车厢应清扫干净。为防止沥青与车厢板黏结，车厢侧板和底板可涂一薄层油水混合液（柴油与水比例可为 1：3），但不得有余液积聚在车厢底部。运料车应用篷布覆盖，用以保温、防雨、防污染，夏季运输时间短于 0.5h 时，亦可不加覆盖。

连续摊铺过程中，运料车应在摊铺机前 10 ~ 30cm 处停住，不得撞击摊铺机；卸料过程中运料车应挂空挡，靠摊铺机推动前进。沥青混合料运至摊铺地点后应凭运料单接收并检查拌和质量及温度要求，遇有已经结成团块或遭遇淋湿的混合料不得铺筑在桥面、道路上。

（5）沥青混凝土面层的铺筑

铺筑沥青混凝土面层应采用机械摊铺，应以伸缩缝的间距确定一次铺筑长度，要求在相邻两个伸缩缝之间尽量不设施工缝。桥面的宽度宜在1d内铺筑成，每次铺筑的纵向接缝宜在上次铺筑的沥青混凝土的实际温度未降至100℃时予以接缝铺筑并碾压。

根据混凝土桥面层的平整度、沥青混凝土面层的厚度和结构层次决定一次铺筑或两次铺筑。沥青混凝土面层厚度大于6cm时，宜采用两次铺装以提高沥青混凝土面层的平整度。沥青混合料必须缓慢、均匀、连续不断地摊铺，摊铺过程中不得随意变换速度或中途停顿。摊铺速度一般控制在2～6m/min，可根据沥青混合料供应及机械配套情况及摊铺层厚度、宽度确定。

摊铺好的沥青混合料应随即碾压（碾压方法、要求可参照沥青路面施工有关规定）。如因故不能及时碾压或遇雨时，应停止摊铺，并对卸下的沥青混合料覆盖保温。

当先铺筑的沥青混凝土的实际温度降至80℃以下时，与后铺筑的沥青混凝土应按冷接缝方法处理，即铣刨接缝处的沥青混凝土，要求接缝顺直。

纵缝的铣刨宽度宜为20～30cm，横缝的铣刨宽度应用直尺测量后决定，一般不宜小于100cm。如无铣刨机时，可按画线用切缝机切割后再凿除。

沥青混凝土面层的铺筑和碾压宜从下坡向上坡进行。施工车辆和施工机械不允许停留在新铺装的沥青混凝土面层上，也不允许柴油之类的油料滴漏在沥青混凝土面层上，以免引起沥青混凝土软化、壅包。当采用刻槽方式增加沥青混凝土铺装层与混凝土桥面的啮合，提高其抗滑能力时，刻槽的宽度宜为20mm，槽间距宜为20m，槽深宜为3～5mm。

第四节 其他桥梁施工

拱桥、斜拉桥、悬索桥也是较为常见的几种桥梁，由于不同的桥梁具有不同的施工方式和使用特点，因此，在施工过程中需要施工人员慎重选择施工方法，提高桥梁的施工质量。

拱桥施工方法按拱圈的制作方式可分为现浇法和预制装配法；按拱圈的架设施工方式可分为有支架施工和无支架施工两类。

有支架施工是拱桥施工的主要方法，尤其是石拱桥和混凝土拱桥，几乎全是采用搭设拱架的方法进行施工的，但这种方法需要耗费大量建筑材料和劳动力，并且工期较长，大大影响了拱桥的推广使用。

拱桥是一种能充分发挥圬工及钢筋混凝土材料抗压性能的合理桥型，其外形美观、维修费用低，具有向大跨度方向发展的优势。为了改善拱桥施工方法落后的状况，目前在施工方法和机具设备方面做了大量改进。

一、混凝土拱桥施工

混凝土拱桥的施工按其主拱圈成型的方法可以分为以下三大类。

（一）就地浇筑法

就地浇筑法就是把拱桥主拱圈混凝土的基本施工工艺流程（立模、扎筋、浇筑混凝土、养护及拆模等）直接在桥孔位置来完成。按照所使用的设备来划分，包括以下两种。

1. 有支架施工法

这和梁式桥的有支架施工类似，与其支架类型、主拱圈混凝土浇筑的技术要求以及卸架方式等有关。

2. 悬臂浇筑法

悬臂浇筑法把主拱圈划分成若干个节段，并用专门设计的钢桁托架结构作为现浇混凝土的工作平台。托架的后端铰接在已完成的悬臂结构上，其前端则用刚性组合斜拉杆经过临时支柱和塔架，再由尾索锚固在岸边的锚碇上。但是钢桁托架本身较重，转移较难，钢筋骨架和混凝土法的运输需借助缆索吊装设备，施工比较麻烦，拱轴线上各点的高程也较难控制，故目前较少采用这种施工方法。

（二）预制安装法

预制安装法按主拱圈结构所采用的材料可以分为整体安装法和节段悬拼法两种。

1. 整体安装法

这种施工方法适合于钢管混凝土系杆拱的整片起吊安装，因为钢管混凝土拱肋在灌混凝土之前具有质量轻的优点。例如某跨径为45m的系杆拱片，经组合后，其吊装质量仅为18.7t，用起重量为20t的浮吊，仅用了一天就把两片拱片全部安装完毕。被起吊的拱片应做以下三点验算。

拱肋从平卧到竖立的翻转过程中，形若一根简支曲梁。因此，应将此两个起吊点视为作用于其上的垂直集中力，来验算此曲梁的强度和刚度。

在竖向吊运过程中，需验算吊点截面的强度。

当两吊点间距较近时，需验算系杆在吊运过程中是否出现轴向压力及其面外的稳定性。应该科学地设计其施工顺序，使设计中对全桥横向稳定有利的杆件先安装或浇筑以尽早发挥作用。例如，先安装肋间横撑，浇筑支承节点和端横梁混凝土，再安装内横梁和沿系杆的纵向分条地安装桥面板直至合龙等。

2. 节段悬拼法

节段悬拼法是将主拱圈结构划分成若干节段，先放在现场的地面或场外工厂进行预制，然后运送到桥孔的下面，利用起吊设备提升就位，进行拼接，逐渐加长直至成拱。每拼完一个节段，必须借助辅助设备临时固定悬臂段。这种方法对钢筋混凝土或钢管混凝土主拱圈的施工都适用。常用的起重设备有以下两种。

（1）缆索吊装设备

缆索吊装设备主要由主索、工作索、塔架和锚固装置等四个基本部分组成。其中包括主索、起重索、牵引索、结索、扣索、缆风索、塔架及索鞍、地锚、滑车、电动卷扬机等设备和机具。

（2）伸臂式起重机

伸臂式起重机每拼接好一个节段，即用辅助钢索临时拉住，每拼完三节，便改用更粗的主钢索拉住，然后拆除辅助钢索，供重复使用。这种方法适用于特大跨径的拱桥施工。

（三）转体施工法

转体施工法的特点是将主拱圈从拱顶截面分开，把主拱圈混凝土高空浇筑作业改为放在桥孔下面或者两岸进行，并预先设置好旋转装置，待主拱圈混凝土达到设计强度后，再将它就地旋转就位成拱。按照旋转的几何平面又可分为以下三种。

1. 平面转体施工法

这种施工方法特点是：将主拱圈分为两个半跨，分别在两岸利用地形作简单支架（或土牛拱胎），现浇或者拼装拱肋，再安装拱肋间横向联系（横隔板、横系梁等），把扣索的一端锚固在拱肋的端部（靠拱顶）附近，经引桥桥墩延伸至埋入岩体内的锚碇中，再用液压千斤顶收紧扣索，使拱肋脱模，借助环形滑道和手摇卷扬机牵引，慢速地将拱肋转体180°（或小于180°），最后再进行主拱圈合龙段和拱上建筑的施工。

2. 竖向转体施工法

当桥位处无水或水很浅时，可以将拱肋分成两个半跨放在桥孔下面预制。如果桥位处水较深，可以在桥位附近预制，然后浮运至桥轴线处，再用起吊设备和旋转装置进行竖向转体施工。这种方法最适宜钢管混凝土拱桥的施工。因为钢管混凝土拱桥的主拱圈必须先让空心钢管成拱后再灌筑混凝土，故在旋转起吊时，不但钢管自重相对较轻，而且钢管本身强度也高，易于操作。

3. 平 - 竖相结合的转体施工法

这种施工方法综合吸收了上述两种转体施工方法的优点，具体体现在以下几点：利用竖向转体法的优点，变高空作业为地上作业，避免了长、大、重安装单元的运输和起吊；利用平面转体法的优点，将全桥三孔分为两段，放在主河道的两岸进行预制和拼装，将桥跨结构的施工对主航道航运的影响减到最低程度；利用边孔作为中孔半拱的平衡重，使整个转体施工形成自平衡体系，免除了在岸边设置锚碇构造。

二、斜拉桥施工

（一）主塔施工

1. 钢主塔施工

钢主塔施工，应对垂直运输、吊装高度、起吊吨位等施工方法作充分考虑。钢主塔在工厂分段立体试拼装合格后方可出厂。主塔在现场安装，常常采用现场焊接接头、高强度螺栓连接、焊接和螺栓混合连接的方式。

经过工厂加工制造和立体式拼装的钢塔，在正式安装时，应予以测量控制，并及时用填板或对螺栓孔进行扩孔来调整轴线和方位，防止加工误差、受力误差、安装误差、温度误差、测量误差的积累。

钢主塔的防锈措施，可用耐候钢材，或采用喷锌层。但绝大部分钢塔都采用油漆涂料，一般可保持的使用年限为 10 年。油漆涂料常采用两层底漆，两层面漆。其中三层由加工厂涂装，最后一道面漆由施工安装单位最终完成。

2. 混凝土主塔施工

混凝土桥塔主要采用就地浇筑法，模板和支架的做法常采用支架法、滑模法、爬模法和大型模板构件法等。

3. 主塔施工测量控制

斜拉桥主塔一般由基础、承台塔座、下塔柱、下横梁、中塔柱、上横梁、上塔柱（拉索锚固区）、塔顶建筑等八大部分或其中几部分组成。由于主塔的建筑造型千姿百态，断面形式各异，在主塔各部位的施工过程中，除了应保证各部位的几何尺寸正确之外，更重要的是应该进行主塔局部测量系统的控制，并与全桥总体测量系统接轨。

主塔局部测量系统的控制基准点，应建立在相对稳定的基准点上，如选择在主塔的承台基础上，进行主塔各部位的空间三维测量定位控制。测量控制的时间，一般应选择当天 22 ：00 至次日 7 ：00 日照之前的时段内，以减少日照对主塔造成的变形影响。

此外，随着主塔高度不断升高，也应选择风力较小的时机进行测量，并对日照和风力影响予以修正。在主塔八大部位的相关转换点上的测量控制极为重要，以便根据实际施工情况及时进行调整，避免误差的累计。

主塔局部测量系统的量测，一般常采用三维坐标法或天顶法。若主塔局部测量系统的基点选择在相对稳定的承台基础上，随着主塔高度增高及混凝土收缩、徐变、沉降、风荷载、温度等因素的影响，基准点必然会有少量的变化。为此应该在上述八大部位的相关转换点上，与全桥总体测量坐标系统接轨，以便进行总体坐标的修正，进行测量的系统控制。

（二）主梁施工

1. 主梁施工方法

斜拉桥主梁施工方法包括顶推法、平转法、支架法和悬臂法。四种施工方法的特点及适用性简述如下。

（1）顶推法

顶推法的特点是施工时需在跨间设置若干临时支墩，顶推过程中主梁反复承受正、负弯矩。该法较适用于桥下净空较低、修建临时支墩造价不大、支墩不影响桥下交通、抗压和抗拉能力相同、能承受反复弯矩的钢斜拉桥主梁的施工。对混凝土斜拉桥主梁而言，由于拉索水平分力能对主梁提供预应力，如在拉索张拉前顶推主梁，临时支墩间距又超过主梁负担自重弯矩能力时，为满足施工需要，需设置临时预应力束，在经济上不合算。所以，斜拉桥主梁的施工迄今国内尚无用顶推法修建的实例。

（2）平转法

平转法是将上部构造分别在两岸或一岸顺河流方向的矮支架上现浇，并在岸上完成所有的安装工序（落架、张拉、调索）等，然后以墩、塔为圆心，整体旋转到桥位合龙。平转法适用于桥址地形平坦、墩身矮和结构系适合整体转动的中小跨径斜拉桥。我国四川马尔康地区的金川桥是一座跨径为 68m+37m，采用塔、梁、墩固结体系的钢筋混凝土独塔斜拉桥，塔高 25m，中跨为空心箱梁，边跨是实心箱梁，该桥是采用平转法施工的。

（3）支架法

支架法是在支架上现浇、在临时支墩间设托架或劲性骨架现浇、在临时支墩上架设预制梁段等几种施工方法。其优点是施工简单方便，既能确保结构满足设计线形，又适用于桥下净空低、搭设支架不影响桥下交通的情况。

（4）悬臂法

悬臂法可以是在支架上修建边跨，然后中跨采用悬臂拼装法和悬臂施工的单悬臂法；也可以是对称平衡方式的双悬臂法。悬臂施工法分为悬臂拼装法和悬臂浇筑法两种悬臂拼装法，一般是先在塔柱区现浇一段放置起吊设备的起始梁段，然后用各种起吊设备从塔柱两侧依次对称安装节段，使悬臂不断伸长直至合龙。悬臂浇筑法，是从塔柱两侧，用挂篮对称逐段就地浇筑混凝土。我国大部分混凝土斜拉桥主梁都采用悬臂浇筑法施工。

综上所述，支架法和悬臂施工法是目前混凝土斜拉桥主梁施工的主要方法，前者适用于城市立交或净高较低的岸跨主梁施工；后者适用于净高很大的大跨径斜拉桥主梁的施工。

2. 斜挂机主梁施工特点

（1）结构设计由施工内力控制

斜拉桥与其他梁桥相比，主梁高跨比很小、梁体十分纤细、抗弯能力差。由于挂篮重量大，当采用悬臂施工时，如果仍采用梁式桥传统的挂篮施工方法，梁、塔和拉索将由施工内力控制设计，很不经济。因此，考虑施工方法，必须充分利用斜拉桥结构本身特点，在施工阶段充分发挥斜拉索的效用，尽量减轻施工荷载，使结构在施工阶段和运营阶段的受力状态基本一致。

（2）横截面浇筑方法

对于单索面斜拉桥，一般都需采用箱形断面。若全断面一次浇筑，为减少浇筑重量，要在一个索距内纵向分块，并需额外配置承受施工荷载的预应力束。所以，一般做法是将横断面适当地分解为三部分，即中箱、边箱和悬臂板。

先完成包含主梁锚固系统的中箱，张拉斜拉索，形成独立稳定结构，然后以中箱和已浇节段的边箱为依托浇筑两侧边箱，最后用悬挑小挂篮浇筑悬臂板，使整体箱梁按品字形向前推进。对于双索面斜拉桥，主梁节段在横断面方向分为两个边箱和中间车行道板三段，边箱安装就位后就张拉斜拉索，利用预埋于梁体内的小钢箱来传递斜拉索的水平分力，使边箱自重分别由两边拉索承担，从而降低了挂篮承重要求，减轻了挂篮自重，最后安装中间桥面板并现浇纵横接缝混凝土。

（3）塔梁临时固结

为了保证大桥在整个梁部结构架设安装过程中的稳定、可靠、安全，要求施工安装时采取塔梁临时固结措施，以抵抗安装钢梁桥面板及张拉斜拉索过程中可能出现的不平衡弯矩和水平剪力。

（4）中孔合龙

为保证大桥中孔能顺利合龙，根据以往斜拉桥的成功经验，一般选择自然合龙的方法。以上海杨浦大桥为例，需要考虑以下几个方面：

①合龙温度的确定

大桥能否在自然状态下顺利合龙，关键是要正确选择合龙温度。该温度的持续时间能满足钢梁安装就位及高强螺栓定位所需的时间。

②全桥温度变形的控制

由于大桥跨度大，温度变形对中跨合龙段长度的影响相当敏感。因此，在整个施工过程中，应对温度变形进行监测，特别是对将接近合龙段时的中孔梁段和温度变形更应重点量测，找出温度变形与环境温度的关系，为确定合龙段钢梁长度提供科学依据。

③合龙段钢梁长度的确定

设计合龙段长度原定为 5.5m，在实际施工时再予以修正。其实际长度应为合龙温度下设计长度加减温度变形量。

④合龙段的安装

合龙段钢梁的安装是一个抢时间、抢速度的施工过程，必须在有限的时间里完成，因此，在合龙前必须做好一切准备工作。钢梁应预先吊装就位，一旦螺孔位置平齐，即打入冲钉，施拧高强螺栓，确保合龙一次成功。

⑤临时固结的解除

中孔梁一旦合龙，必须马上解除临时固结，否则由于温度变化所产生的结构变形和内力，会使结构难以承受。因此，在合龙段钢梁高强螺栓施拧完后，应立即拆除临时固结。

（三）斜拉索施工

成形斜拉索由钢丝或钢绞线组成的钢索和两端的锚具组成。不同种类和构造的斜拉索两端需配装合适的锚具后才能成为可以承受拉力的斜拉索。斜拉索的锚具目前常用的有以下四种：热铸锚、墩头锚、冷铸墩头锚和夹片群锚。

配装热铸锚、冷铸锚、锄头锚（统称为拉锚式锚具）的斜拉索，可以事先将锚具装固到钢索两端，预制成斜拉索。

斜拉索可以在专门的工厂制作，然后盘运到桥梁工地，或在桥梁工地现场制作，拖拉到桥位直接进行挂索和张拉。斜拉索有单股钢绞式钢缆、半平行钢绞线索、半平行钢丝索、平行钢丝索及平行钢丝股索等。这类斜拉索可称作预制索或成品索。

我国已建有专门化、机械化生产热挤塑聚乙烯护套扭绞形钢丝索的工厂，可生产的最大规格为 $421\varphi\ 7mm$、长度 350m 的钢丝索，可满足 600m 以上大跨径斜拉桥对斜拉索的需要，斜拉索的制作水平已达到国际先进水平。

配装夹片群锚的斜拉索，张拉时直接张拉钢丝，待张拉结束后锚具才发挥作用。因此，配装夹片群锚的平行钢筋索及平行钢绞线索必须在桥梁现场架设过程中制作，故可称为现制索。

1. 斜拉索的制作

制索工艺流程一般为：钢丝除锈→调直→应力下料→防护漆→穿锚→镦头→浇锚→烘锚→拉索防护→超张拉→标定。

2. 斜拉索的防护

（1）临时防护

钢丝或钢绞线从出厂到开始做永久防护的一段时间内，所需要的防护称为临时防护。国内目前采用的临时防护法一般是钢丝镀锌，即将钢丝纳入聚乙烯套管内，安装锚头密封后喷防护油，并充氩气，以及涂漆、涂油、涂沥青膏处理等。

具体实施可根据防锈蚀效能、技术经济比较、设备条件及材料种类决定。通常在钢丝或钢绞线穿入套管前，每根钢丝或钢绞线应在水溶性防腐油中浸泡或喷一层防腐油剂。在临时防护中，镀锌钢丝的锌层应均匀连续，附着牢固，不允许有裂纹、裂痕和漏块。此外，不镀锌处理的钢丝，在储存和加工期间应进行其他涂漆、涂油等临时防护措施。

（2）永久防护

从斜拉索钢材下料到桥梁建成的长期使用期间，应做永久防护。永久防护应满足防锈蚀、耐日光曝晒、耐老化、耐高温、涂层坚韧、材料易得、价格低廉、生产工艺成熟、制作运输安装简便、更换容易等要求。永久防护包括内防护与外防护，内防护是直接防止斜拉索锈蚀，外防护是保护内防护材料不致流出、老化等。

内防护所用的材料一般有沥青砂、防锈脂、凡士林、聚乙烯塑料泡沫和水泥浆等，这些材料各有优缺点。

外防护所用的材料亦各有优缺点，聚氯乙烯管质脆，抗冻和抗老化性能差，易破裂失效；铝管则需注水泥浆，而水泥浆的碱性作用易使铝管腐蚀；钢管作外套时本身尚需防腐蚀且笨重；多层玻璃丝布缠包套，目前效果尚可，但价格高，施工烦琐。

我国目前一般采用炭黑聚乙烯在塑料挤出机中旋转挤包于斜拉索上而成的热挤索套防护斜拉索方法，即 PE 套管法。所用高密度聚乙烯（PE）与其他方法所用材料相比有以下优点。

在设计寿命期限内能抵抗循环应力引起的疲劳，在聚乙烯树脂中加炭黑有效抵抗紫外线的侵蚀，与灌浆材料和钢材无化学反应，在运输、装卸、制造、安装和灌注时能抗损坏，能防止水、空气和其他腐蚀物质的入侵，徐变特性低；对周围环境有一定的适应性。

同时，黑色 PE 管的热膨胀系数大约是水泥浆和钢材的 6 倍。因此，为了控制温度变化并减小可能导致 PE 管损坏的不均匀应力，通常在 PE 管上缠绕或嵌套一层浅色胶带或 PE 面层。采用热挤索套不像 PE 管压浆工艺那样，存在斜拉索钢丝早期锈蚀，它可在很短的时间内完成防腐、索套制作、拉索密封等工艺。

总之，斜拉索防护绝大多数是在生产制作过程中完成的，与生产材料、工艺以及生产标准、管道等密切相关。故此，要做好斜拉索的防护工作，就必须严格控制生产的各个环节、工序，以确保斜拉索的质量。

3. 斜拉索的安装

（1）放索及索的移动

①放索

为方便运输及运输过程中对索的保护，斜拉索起运前通常采用类似电缆盘的钢结构盘将拉索卷盘，然后运输。对于短索，也有采取自身成盘，捆扎后运输的情况。根据斜拉索不同的卷盘方式，现场放索常用的有立式转盘放索和水平转盘放索两种方式。

立式转盘放索：钢结构索盘放索时设置一个立式支架，在索盘轴空内穿上圆轴，徐徐转动索盘将索放出。

水平转盘放索：对于自身成盘的索，设置一个水平转盘，将索盘放在转盘上，边转动边将索放出。

在放索过程中，由于索盘自身的弹性和牵引产生的偏心力，会使转盘转动加速，导致散盘，危及施工人员的安全。所以，一般情况下，要对转盘设制动装置，或者以钢丝绳作尾索，用卷扬机控制放索。

②索在桥面上的移动

在放索和挂索过程中，要对斜拉索进行拖移，由于索自身弯曲，或者与桥面直接接触，在移动中就有可能损坏斜拉索的防护层或索股，为避免这些情况的发生，一般采取以下方法，移动时对索进行保护。

若索盘是水上由驳船运来，对于短索一般直接将索盘吊到桥面上，利用放索支架放索，对于长索一般直接在船上设置放索支架放索。采用前者要在梁上放置吊装装备，采用后者则需要梁端设置转向装置以利于索的移动。对于现浇梁，转向装置设在施工挂篮上，若是拼装结构则设在主梁上，并且要求转向装置的半径不小于索盘半径，与梁体保持一定的距离。

辊筒法：在桥面上设置一条辊筒带，当索放出以后，沿辊筒运动。制作辊筒时，要根据斜拉索的布置及刚柔程度，选择适宜的辊轴半径，以免辊轴弯折，摩阻增加。辊筒之间要保持合理的间距，防止斜拉索与桥面接触。辊筒可与桥面固结，也可与斜拉索套筒固结，具体方法依施工现场情况而定。

移动平车法：当斜拉索上桥后，每隔一段距离垫一个平车，由平车载索移动。梁体顶面凹凸不平时会导致平车运动不便，所以平车的轮子不宜太小。与辊筒法一样，平车也要保持合理的间距，避免斜拉索与桥面接触。

导索法：在索塔上部安装一根斜向工作悬索，当斜拉索上桥后，前端连接牵引索，每隔一段距离放置一个吊点，使斜拉索沿着导索运动，这种方法能省去大型牵索设备，可安装成卷的斜拉索。

垫层法：对于一些索径小、自重轻的斜拉索，可在梁面放索线上敷设麻袋、草包、地毯等柔软的垫层，就地拖移。

（2）斜拉索的塔部安装

单吊点法：斜拉索上桥面后，从索塔孔道中放下牵引绳，连接斜拉索的前端，离锚具下方一定距离设一个吊点，索塔吊架用型钢组成支架，配置转向滑轮。

当锚头提升到索孔位置时，采用牵引绳与吊绳相互协调，使锚头尺寸准确。牵引至索塔孔道后，穿入锚头固定。单吊点法施工简便、安装迅速，缺点是起重索所需的拉力大，斜拉索在吊点处弯折角度较大，故一般适用较柔软的短斜拉索。

多吊点法：同前述导索法。只要将导索法中的牵引索从预穿索孔中引出即可。多吊点法吊点分散、弯折小，在统一操作指挥下，可使斜拉索均匀起吊。因吊点较多，易保持索呈直线状态，两端无须用大吨位千斤顶牵引。

起重机安装法：采用索塔施工时的提升起重机，用特制的扁担梁捆扎拉索起吊。拉索前段由索塔孔道内伸出的牵引索引入索塔斜拉索锚空内，下端用移动式起重机提升。起重机法操作简单快速，不易损坏拉索，但要求起重机有较大的起重能力，故一般适用于重量不大的短索安装。

分步牵引法：根据斜拉索在安装过程中索力递增的特点，分别采用不同的工具，将斜拉索安装到位。第一，用大吨位的卷扬机将索张拉端从桥面提升到预留孔外；第二，用穿心式千斤顶将其牵引至张拉锚固面。

在这个阶段前半部分，采用柔性张拉杆-钢绞线束，利用两套钢绞线夹具系统，交替完成前半部分牵引工作；牵引阶段的后半部，应根据索力逐渐增大的情况，采用刚性张拉杆分步牵引到位。分步牵引法的特点是牵引功率大、辅助施工少、桥面无附加荷载、便于施工。

总之，在以上各种挂索过程中，各种构件连接处较多，如锚头与拉杆、牵引头的连接滑轮与塔柱斜拉索的连接等。任何一处发生问题，就会发生事故，在施工中，应特别注意各处连接的可靠性。

（3）斜拉索的梁部安装步骤

同塔部安装，基本方法有如下两种。

吊点法：在梁上放置转向滑轮，牵引绳从套筒中伸出，用起重机将索吊起后，随锚头逐渐牵入套筒，缓缓放下吊钩，向套筒口平移，直至将锚头牵入套筒内。

拉杆接长法：对于梁部为张拉端的斜拉索安装，采用拉杆接长法比较方便。先加工长度均为 1.0m 左右的短拉杆与主拉杆连接（张拉杆连接），使其总长度超过斜拉索套筒加张拉千斤顶的长度。利用千斤顶多次运动，逐渐将张拉端拉出锚固面，并逐渐拆掉多余的短拉杆，安装锚固螺母。运用拉杆接长法，要加工一个组合螺母（张拉杆连接螺母）。采用这个螺母逐步锚固拉杆，直到将锚头拉出锚板后拆除。

4.斜拉索调索张拉

根据目前的技术水平，国内外斜拉索锚具、千斤顶、斜拉索的设计吨位已达到"千吨"级水平，大吨位斜拉索整体张拉工艺已经十分成熟。无论是一端张拉还是两端张拉，一般情况下，都需在斜拉索端头接上张拉连接杆，之后使用大吨位穿心式千斤顶实施斜拉索的张拉调索。为方便施工，张拉杆都采用分节接长，而非整根通长。拉锚式斜拉索张拉索主要步骤包括以下几点。

第一，对张拉千斤顶和配置液压泵进行标定，同时，对预计的调整值划分级别。根据标定得出的张拉值和液压表读数之间的直线关系，计算并列出每级张拉值的相应的油表读数。

第二，对索力检测仪器进行标定。

第三，计算各级调整值并列出相应的延伸量。

第四，做好索力检测和其他各种观测的准备工作；将张拉工具、设备一一就位。

第五，先将千斤顶撑架用手拉葫芦等固定在斜拉索锚固面上，然后将千斤顶用螺栓连接支承在撑架上；将张拉杆穿过千斤顶和撑架，旋转在斜拉索锚头端，再将长拉杆上的后螺母从张拉杆尾端旋转穿进；将千斤顶与液压泵用油管接好，开动液压泵，使千斤顶活塞空升少许，如调索要求降低索力，可根据情况多升一定量；接着将后螺母旋至与活塞接触紧密处。如调索是在斜拉索锚头还未被牵出锚固面的情况下进行的，则上述过程已在牵索过程完成；如索力检测采用测量张拉杆拉力的方式，则应在张拉杆后螺母间安装穿心式压力传感器，测量张拉力。需要先将传感器从张拉杆后端插入，再将张拉杆后螺母旋入。

第六，按预定级别的相应张拉力，通过电动液压泵进油逐级调整索力。如果是降低索力，则先进油拉动斜拉索，使锚环能够松动，在旋开锚环后可回油使斜拉索索力降低。在调索过程中，如千斤顶达到行程允许伸长量，即可将斜拉索锚头的锚环旋紧，使其临时支承于锚固支承面上，这时千斤顶可回油并进行下一行程的张拉。如果调索是在斜拉索锚头还未牵出其锚固面的情况下进行的，则临时锚固由叠撑在锚环上的张拉杆前螺母，即两半边螺母承担临时锚固。张拉调索过程中，应以检测、校核数据配合液压表读数共同控制张拉力，并对结果随时观测，以防不正常情况发生。

三、悬索桥施工

（一）塔柱施工工艺

钢塔柱一般用钢板先预制连接成格子形截面的节段，节段在现场吊装拼接成塔柱。早期的钢塔柱无论节段内还是节段间的连接均采用栓接，构建加工精度要求高。随着栓焊技术的发展，钢塔节段在工厂焊接制造，然后将节段运输到工地架设并用高强螺杆来连接。

钢塔柱一般支承在一块厚钢板上，厚钢板与桥墩混凝土拴接并把塔柱压力均匀传递到桥墩中去。现在也有在桥墩混凝土中埋设锚固构架，塔柱用高强螺栓锚固在构架上，通过构架将压力均匀传递到混凝土中去的做法。

混凝土塔柱的施工与斜拉桥塔柱施工相同，一般以就地浇筑为主，采用滑模、爬模等技术连续浇筑。

（二）锚碇施工

悬索桥主缆索股锚固形式分为自锚式和地锚式。自锚式是将主缆索股直接锚于加劲梁上，无须使用锚碇结构，一般仅适用于中、小跨径悬索桥。地锚式则将主缆索股锚于重力式锚碇、隧道锚碇或直接锚于坚固的岩体上。此处所讨论的锚碇是指地锚式悬索桥锚固主缆的重要结构物。

锚碇是锚块基础、锚块、钢缆的锚碇架及固定装置等的总称。它不仅抵抗来自主缆的竖直反力，而且抵抗主缆的水平力，是悬索桥区别于其他桥梁的独有结构，直接关系到悬索系统的稳定。锚块是直接锚固主缆的结构，它通过锚固系统将主缆索股拉力分散开。锚块与其下面的锚块基础连成一体，用于抵抗因主缆拉力产生的锚碇滑动及倾倒。锚碇主要有重力式锚碇、隧道式锚碇等。目前，世界上已建悬索桥绝大部分采用的是重力式锚碇。这除了与锚碇所处的地形、地质条件有关外，还与主缆架设方法、锚碇施工方法有关。

一般而言，若锚碇处有坚实岩层靠近地表，则修建隧道式锚碇（或称岩洞式锚碇）可能比较经济。美国华盛顿桥新泽西岸锚碇是隧道式的，其混凝土用量仅为纽约岸锚碇（重力式）的21%，但隧道式锚碇有传力机理不明确的缺点。若有坚实基岩层靠近地表，也可采用重力式锚碇，让锚块嵌入重基岩，使位于锚块前的基岩凭借承压来抵抗主缆的水平力。例如，汕头海湾大桥设计为重力前锚式锚碇，虎门大桥的东锚碇设计为山后重力式锚碇。

一般设置在承载力比较好地基上的重力式锚碇，宜采用明挖的扩大基础。如美国

1964 年建成的维拉扎诺桥和丹麦 1970 年建成的小贝尔特桥都是采用的扩大浅基础。当锚碇设置在软土层中时，可以采用大型沉井或地下连续墙的形式。如江阴长江大桥北锚碇采用了大型沉井基础，明石海峡大桥（日本）、虎门大桥的西锚碇和润扬长江公路大桥北锚碇均采用了地下连续墙基础。

（三）主缆施工

1. 主缆架设

悬索桥的钢缆有钢丝绳钢缆和平行线钢缆。钢丝绳钢缆适用于中、小跨度的悬索桥，平行线钢缆适用于主跨为 500m 以上的大跨悬索桥。平行线钢缆根据架设方法分为空中送丝法和预制索股法两种。

（1）空中送丝法架设主缆

①架设方法

空中送丝法架设主缆是在桥两岸的索塔和锚碇等都已安装就绪后，沿主缆设计位置，在两岸锚碇之间布置一无端牵引绳，将牵引绳的端头连接起来，形成从这一岸到那岸的长绳圈。其主要架设方法如下：

第一，将送丝轮扣牢在牵引绳上，且将缠满钢丝的卷筒放在一岸的锚碇旁，从卷筒中抽出钢丝头，暂时固定在靴跟处（称为"死头"）。

第二，继续将钢丝向外抽，由死头、送丝轮和卷筒将正在输送的丝形成一个钢丝套圈，用动力机驱动牵引绳，于是送丝轮就带着钢丝送向对岸。

第三，在钢丝套圈送到对岸时，用人工将套圈从送丝轮上取下，套到其对应的靴跟上。

第四，随着牵引绳的驱动，送丝轮又被带回这岸，取下套圈套在靴跟上，然后又送向对岸。

第五，这样循环进行，当其套在两岸对应靴跟上的丝数达到一根丝股钢丝的设计数目时，就将钢丝"活头"剪断，并将该"活头"与上述暂时固定的"死头"用钢丝连接器连起来。即完成了一根丝股的空中编制。

②空中送丝法施工注意事项

空中送丝法扩缆每一丝股内的钢丝根数为 300 ~ 600 根，再将这种丝股配置成六角形或矩形，挤紧而成为圆形。空中送丝法架设主缆施工必须设置脚手架、配备送丝设备，还需有稳定送丝的配套措施。为使主缆各钢丝均匀受力，应分别对钢丝长度和丝股长度进行调整，还应及时进行紧缆和缠缆。

（2）预制索股法架设钢缆

①架设方法

预制索股法架设钢缆的目的是使空中架线工作简单化。索股预制股每束 61 丝、

91 丝或 127 丝，再多就过重。两端嵌固热铸锚头在工厂预制，先配置成六角形，然后挤紧成圆形。

②索股线形调整步骤

第一，垂度调整应在夜间温度稳定时进行。温度稳定的条件为：长度方向索股的温差不大于 27℃，横截面索股的温差不大于 1℃。

第二，绝对垂度调整，应测定基准索股下缘的标高及跨长、塔顶标高及变位、主索鞍预偏量、散索鞍预偏量。主缆垂度和标高的调整量，应在确定气温与索股温度等值后经计算确定。基准索股标高必须连续 3d 在夜间温度稳定时进行测量，3 次测出结果误差在容许范围内时，应取 3 次的平均值作为该基准索股的标高。

第三，相对垂度调整，应按与基准索股若即若离的原则进行。

第四，垂度调整允许误差，基准索股中跨跨中为 ±1/20000 跨径；边跨跨中为中跨跨中的两倍；上下游基准索股高差 10mm；一般索股（相对于基准索股）为 -5 ~ 10mm。

第五，调整合格的索股不得在鞍槽内滑移。索股锚头入锚后应进行临时锚固。索股应设一定的抬高量，抬高量宜为 200 ~ 300mm，并做好编号标志。

第六，索力的调整应以设计提供的数据为依据，其调整量应根据调整装置中测力计的读数和锚头移动量双控确定。实际拉力与设计值之间的允许误差应为设计锚固力的 3%。

2. 主缆防护

首先，主缆防护应在桥面铺装完成后进行。防护前必须清除主缆表面灰尘、油污和水分等，并设置临时覆盖。待涂装及缠丝时再揭开临时覆盖。其次，主缆涂装应均匀，严禁遗漏。涂装材料应具有良好的防水密封性和防腐性，并应保持柔软状态，不硬化、不脆裂、不霉变。最后，缠丝作业宜在二期恒载作用于主缆之后进行，缠丝材料以选用软质镀锌钢丝为宜。钢丝缠绕应紧密均匀，缠丝张力应符合设计要求。缠丝作业应由电动缠丝机完成。

（四）加劲梁架设

悬索桥的加劲梁一般采用钢结构，早期以钢桁梁为主，个别中、小跨度的悬索桥采用钢板梁。由于钢板梁的抗风性能不佳，自采用钢板梁的美国塔科玛老桥被风振毁后，世界各国在较大跨度的悬索桥中不再采用钢板梁。

1. 加劲梁断面形式

现阶段，加劲梁主要有钢桁梁（桁架式加劲梁）和钢箱梁（钢箱式加劲梁）两类。

钢箱梁的抗风性能较好，风阻吸收仅为钢桁梁的 1/4 ~ 1/2，且耗钢量较少；钢桁梁在双层桥面的适应性方面远较钢箱梁优越，适用于交通量较大、公铁两用或其他特殊条件下的悬索桥。

与一般钢桥相同，钢桁梁或钢箱梁均在工厂内制造，运输到现场后通过节段间现场连接的方法成桥。加劲梁的制造节段长度一般与钢桁梁的节间长度或其纵向吊索间距相同。

2. 加劲梁架设安装顺序

加劲梁的架设安装顺序主要有两种形式：一种是从主跨跨中及两侧桥台向索塔的两侧推进；另一种是从索塔两侧分别向主跨跨中及两侧桥台推进。拼装顺序应能保证塔顶纵向位移尽可能小，梁段的竖向变位起伏小，并有利于抗风稳定。

美国旧金山奥克兰海湾大桥和维拉扎诺桥采用的是前一种顺序，而金门大桥和麦基纳克桥采用的是后一种顺序；欧洲多数桥梁（赛文桥、博斯普鲁斯海峡大桥、亨伯尔桥等）采用前一种顺序；在日本，除白鸟大桥外，几乎全部采用后一种顺序。

随着悬索桥施工实践的日益增多，加劲梁架设顺序也在不断发展。例如，日本的明石海峡大桥分别采用两种顺序进行架设。但无论采用哪种架设顺序，均须考虑主缆变形对加劲梁线形（高程）的影响，应在施工前尽可能先做模型试验与必要的计算分析，再结合各桥的特点加以确定。

3. 缆载吊机

加劲梁架设的主要工具是缆载吊机，其由主梁、端梁及各种运行提升机构组成。缆载吊机横跨并支承在两主缆上，其主梁跨度即为两主缆的中心距。

梁段用驳船浮运到安装位置的下方，提升梁上的卷扬机，放下提升钢丝绳。钢丝绳通过平衡梁与加劲梁节段连接。卷扬机将梁段提升到吊索位置后，将吊索下端与梁段上的吊点连接，同时，将本段梁段与相邻梁段临时铰接，然后松开平衡梁，本梁段即吊装完毕。

主缆是柔索结构，当只有部分梁段悬吊在主缆上时挠度很大，已吊装的加劲梁将产生很大的弯曲变形。如果梁段吊装到位后即与相邻梁段连接，则加劲梁将承担很大的弯曲应力，容易造成结构破坏。

为此，梁段吊装到位后只在上缘与相邻梁段形成铰接，下缘在吊装期间张开。随着吊装梁段的增加，主缆的局部挠度减小，加劲梁下缘的间隙逐渐闭合，待梁段全部吊装完成或大部分完成后，可在相邻节段间永久固结连接。此时，加劲梁恒荷载完全由主缆承担，加劲梁只承担节段内的局部弯矩。

（五）施工阶段线形及内力控制

悬索桥施工过程中必须对塔柱弯矩、主缆线形及加劲梁线形加以控制，以使成桥时塔柱基本只承担竖向力，主梁线形达到道路线形要求。

在空缆状态下，主缆无论在中跨还是在边跨均为悬链线，当加劲梁安装完毕后，恒载接近于均布荷载，主缆线形接近于二次抛物线。在两种线形之间转换时主缆将向中跨移动，因此，塔顶的索鞍在加劲梁架设期间，必须可以在纵桥向移动，待架设完毕后再与塔顶固结。

主缆的长度是从成桥状态考虑成桥温度后，用无应力法计算得到的。再根据索股在主缆中的位置计算索股的长度，编索时先确定标准丝的长度，其余钢丝按照标准丝定长度。

空缆的形状根据缆索的总长及中跨与边跨主缆水平分力相等的原则确定。空缆线形与成桥线形比较后可以得到索鞍在架设期间移动的距离。有了空缆线形后即可进行加劲梁吊装过程模拟计算，从而得到吊装过程中主缆、加劲梁的线形控制值，结果将用于现场操作控制。现场控制时将现场实测值与计算值比较，控制架设精度。

参考文献

[1] 唐莉，黄春水. 道路与桥梁工程 [M]. 长春：吉林大学出版社，2018.

[2] 潘高仑. 道路桥梁与隧道施工 [M]. 南昌：江西科学技术出版社，2018.

[3] 徐永峰. 道路与桥梁工程概论 [M]. 长春：吉林大学出版社，2018.

[4] 石玥茹，杨娜，宋荣方. 道路桥梁与建筑工程施工 [M]. 哈尔滨：哈尔滨工程大学出版社，2018.

[5] 武太峰，苗振旭，王光耀. 道路桥梁工程与路基路面 [M]. 天津：天津科学技术出版社，2018.

[6] 晁海龙. 公路桥梁与维修养护 [M]. 天津：天津科学技术出版社，2018.

[7] 李岩涛. 公路桥梁与施工管理 [M]. 沈阳：沈阳出版社，2018.

[8] 修林岩，徐小娜，孙文杰. 公路工程与桥梁施工 [M]. 天津：天津科学技术出版社，2018.

[9] 刘黔会，张挣鑫. 公路工程与桥梁施工技术研究 [M]. 咸阳：西北农林科技大学出版社，2018.

[10] 李明杰，汤生虎，王闰臣. 公路桥梁建设施工技术与质量检验 [M]. 北京：中国建材工业出版社，2018.

[11] 王国福，赵永刚，武晋峰. 道路与桥梁工程 [M]. 长春：吉林科学技术出版社，2020.

[12] 江斗，刘成，熊文斌. 道路桥梁和工程建设 [M]. 北京：中国石化出版社，2020.

[13] 王修山. 道路与桥梁工程概论 [M]. 北京：机械工业出版社，2020.

[14] 吴留星. 公路桥梁与维修养护 [M]. 北京：中国纺织出版社，2020.

[15] 马国峰，刘玉娟. 桥梁上部结构施工技术 [M]. 北京：北京理工大学出版社，2020.

[16] 于洪江，李明樾. 道路工程施工技术 [M]. 重庆：重庆大学出版社，2020.

[17] 李艳. 山地城市桥梁生态美学探究 [M]. 重庆：重庆大学出版社，2020.

[18] 覃辉，马超，朱茂栋. 南方 MSMT 道路桥梁隧道施工测量 [M]. 上海：同济大学出版社，2019.

[19] 于洪江．道路桥梁检测技术 [M].郑州：黄河水利出版社，2019.

[20] 肖光斌，冯丽霞．道路桥梁与隧道施工技术 [M].西安出版社，2019.

[21] 彭彦彬，张银峰．道路桥梁工程概论第 2 版 [M].郑州：黄河水利出版社，2019.

[22] 张忠．道路与桥梁工程施工技术 [M].北京：中国建材工业出版社，2019.

[23] 崔艳梅．道路桥梁工程概预算第 2 版 [M].重庆大学出版社，2019.

[24] 马运朝．道路桥梁养护决策与管理体系研究 [M].哈尔滨：黑龙江人民出版社，2019.

[25] 丁雪英，陈强，白炳发．公路桥梁建设与工程项目管理 [M].长春：吉林科学技术出版社，2019.

[26] 李冬松．桥梁工程技术 [M].北京：人民交通出版社，2019.

[27] 王涛，王峰．公路桥梁施工技术与概预算 [M].延吉：延边大学出版社，2019.

[28] 潘永祥．公路桥梁与改扩建新技术 [M].昆明：云南大学出版社，2019.

[29] 方诗圣，李海涛，孙学军．道路桥梁工程施工技术第 2 版 [M].武汉：武汉大学出版社，2018.

[30] 王友顺，刘冰峰，常柱刚．道路桥梁与交通工程 [M].天津：天津科学技术出版社，2018.